Eu sou Malala

MALALA YOUSAFZAI
com PATRICIA McCORMICK

Eu sou Malala

*Como uma garota defendeu o direito
à educação e mudou o mundo*

EDIÇÃO JUVENIL

Tradução
ALESSANDRA ESTECHE

SEGUINTE

Copyright © 2014 by Salarzai Limited
Agradeço a Hinna Yusuf por fornecer material para a linha do tempo.

Edição publicada mediante acordo com Little, Brown and Company, Nova York, NY, EUA, todos os direitos reservados.

O selo Seguinte pertence à Editora Schwarcz S.A.

Grafia atualizada segundo o Acordo Ortográfico da Língua Portuguesa de 1990, que entrou em vigor no Brasil em 2009.

Título original
I Am Malala: How One Girl Stood Up for Education and Changed the World — Young Readers Edition

Capa
© 2014 by Hachette Book Group, Inc.
© 2014 by Salarzai Limited

Foto de capa
© 2011 by Mark Tucker

Foto da quarta capa
Tanya Malott

Mapa
John Gilkes

Preparação
Lígia Azevedo

Revisão
Renata Lopes Del Nero
Carmen T. S. Costa

Dados Internacionais de Catalogação na Publicação (CIP)
(Câmara Brasileira do Livro, SP, Brasil)

Yousafzai, Malala
 Eu sou Malala : Como uma garota defendeu o direito à educação e mudou o mundo / Malala Yousafzai, com Patricia McCormick ; tradução Alessandra Esteche. — 1ª ed. — São Paulo : Seguinte, 2015.

 Título original: I Am Malala : How One Girl Stood Up for Education and Changed the World.
 ISBN 978-85-65765-62-6

 1. Direitos das crianças 2. Literatura juvenil 3. Mulheres jovens – Educação – Paquistão – Biografia 4. Yousafzai, Malala, 1997. I. McCormick, Patricia II. Título.

14-13278   CDD-370.82095491

Índice para catálogo sistemático:
1. Mulheres : Paquistão : Educação   370.82095491

20ª reimpressão
Todos os direitos desta edição reservados à
EDITORA SCHWARCZ S.A.
Rua Bandeira Paulista, 702, cj. 32
04532-002 — São Paulo — SP
Telefone: (11) 3707-3500
www.seguinte.com.br
contato@seguinte.com.br

/editoraseguinte
@editoraseguinte
Editora Seguinte
editoraseguinteoficial

Para as crianças em todo o mundo que não têm acesso à educação, para os professores corajosos que continuam ensinando e para qualquer pessoa que lute pelos direitos humanos e pela educação.

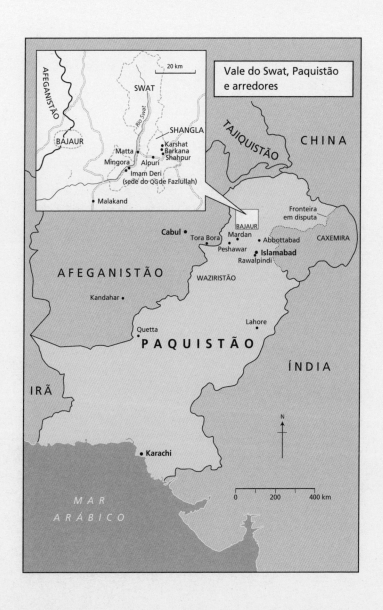

Sumário

Prólogo, 11

PARTE I: ANTES DO TALIBÃ
1. Livre como um pássaro, 19
2. Sonhos, 27
3. O lápis mágico, 31
4. Um aviso de Deus, 34
5. A primeira ameaça direta, 36

PARTE II: UMA SOMBRA SOBRE NOSSO VALE
6. Mulá FM, 43
7. O Talibã no Swat, 47
8. Ninguém está seguro, 54
9. Doces caindo do céu, 57
10. Como era viver com o terrorismo, 60

PARTE III: ENCONTRANDO MINHA VOZ
11. Uma chance de falar, 67
12. O diário de uma estudante, 70
13. Turma dispensada, 77
14. Escola secreta, 81
15. Paz?, 85
16. Deslocada, 90
17. Em casa, 96
18. Um pedido humilde e uma paz estranha, 99

19. Enfim, boas notícias, 102

PARTE IV: ALVO
20. Uma ameaça de morte contra mim, 107
21. A promessa de primavera, 110
22. Presságio, 113
23. Um dia como outro qualquer, 117

PARTE V: UMA VIDA NOVA, LONGE DE CASA
24. Um lugar chamado Birmingham, 123
25. Problemas, soluções, 127
26. Cem perguntas, 131
27. Matando o tempo, 134
28. Estamos todos aqui agora, 138
29. Preenchendo as lacunas, 143
30. Mensagens do mundo todo, 149
31. Um dia agridoce, 151
32. Milagres, 155
33. Este novo lugar, 158
34. A única coisa que todos nós sabemos, 162
35. Aniversário, 166

Epílogo — Uma garota entre tantas, 169

Agradecimentos, 173

MAIS INFORMAÇÕES
Glossário, 179
Acontecimentos importantes no Paquistão e no Swat, 183
Sobre o Fundo Malala, 197

Prólogo

Quando fecho os olhos, vejo meu quarto. A cama está desarrumada, meu cobertor fofinho todo embolado, porque saí correndo para ir à escola, atrasada para uma prova. Minha agenda está aberta na escrivaninha no dia 9 de outubro de 2012. Meu uniforme — *shalwar* branco e *kamiz* azul — está em um cabide na parede, esperando por mim.

Ouço as crianças da vizinhança jogando críquete no beco atrás da nossa casa. Ouço o barulho do mercado ali perto. E, se prestar bastante atenção, ouço Safina, minha amiga que mora na casa ao lado, batendo na parede que dividimos para me contar um segredo.

Sinto o cheiro de arroz cozinhando; mamãe está na cozinha. Ouço meus irmãos mais novos brigando pelo controle — a tv alternando entre luta livre e desenho animado. Logo vou ouvir a voz grossa de papai me chamando pelo apelido.

— *Jani* — ele vai dizer, que é "querida" em persa. — Como anda a escola?

Papai perguntava como iam as coisas na Escola para Meninas Khushal, que ele fundou e onde eu estudava, mas eu sempre aproveitava a oportunidade de responder literalmente.

— *Aba* — eu brincava —, a escola não anda, está sempre no mesmo lugar! — Esse era meu jeito de dizer que achava que as coisas poderiam estar melhores.

Deixei aquele lar amado no Paquistão certa manhã — planejando mergulhar de volta nas cobertas assim que a aula terminasse — e acabei a um mundo de distância.

Algumas pessoas dizem que é muito perigoso voltar agora. Que nunca vou poder fazer isso. Então, de vez em quando, viajo para lá dentro da minha cabeça.

Mas agora outra família vive naquela casa, outra garota dorme naquele quarto — e estou a milhares de quilômetros de distância. Não ligo muito para as outras coisas em meu quarto, mas me preocupo com os troféus da escola na estante. Até sonho com eles de vez em quando. Tem um troféu de vice-campeã do primeiro concurso de soletração de que participei. E mais de quarenta e cinco taças e medalhas por ter sido a primeira da turma em provas, debates e competições. Para outras pessoas, podem parecer simples bugigangas de plástico. Mas para mim são lembranças da vida que eu amava e da menina que eu era — antes de sair de casa naquele dia fatídico.

Quando abro os olhos, estou no meu quarto novo. É uma casa resistente de tijolinhos em um lugar frio e úmido chamado Birmingham, na Inglaterra. Aqui tem água corrente, fria e quente, em todas as torneiras. Não há necessidade de carregar botijões de gás do mercado para aquecê-la. Aqui há cômodos amplos com piso de madeira brilhando, cheios de móveis e uma TV enorme.

Quase não se ouve barulho neste subúrbio calmo e arborizado. Nada de crianças rindo e gritando. Nenhuma mulher lá embaixo cortando legumes e fofocando com a minha mãe. Nenhum homem fumando e debatendo política. Às vezes, no entanto, mesmo com as paredes grossas entre nós, ouço alguém da minha família chorando de saudade de casa. Então papai entra pela porta da frente, a voz ecoando:

— *Jani!* — diz. — Como foi a escola?

Agora não há mais jogos de palavras. Ele não está perguntando sobre a escola que administra e onde estudo. Mas há uma preocupação em sua voz, como se temesse que eu não estivesse aqui para responder. Porque não faz tanto tempo assim que quase me mataram — pelo simples fato de falar sobre meu direito de ir à escola.

* * *

Era o mais comum dos dias. Eu tinha quinze anos, estava no nono ano e tinha ficado acordada até muito tarde na noite anterior, estudando para uma prova.

Já tinha ouvido o galo cantar ao amanhecer, mas caí no sono de novo. Já tinha ouvido o chamado para as orações da mesquita próxima à minha casa, mas consegui me esconder embaixo do cobertor. E já tinha fingido não ouvir quando papai veio me acordar.

Então mamãe chegou e chacoalhou meu ombro devagar.

— Acorde, *pisho* — ela disse, me chamando de "gatinha" em pachto, a língua do povo pachtum. — São sete e meia e você está atrasada para a escola!

Eu tinha uma prova sobre estudos paquistaneses, então fiz uma oração rápida para Deus. *Se for Sua vontade, por favor, que eu fique em primeiro lugar*, sussurrei. *Ah! E obrigada por todo o meu sucesso até agora!*

Engoli um pouco de ovo frito e *chapati* com chá. Meu irmão mais novo, Atal, estava especialmente chato naquela manhã. Reclamava de toda a atenção que eu tinha recebido por ter falado sobre a necessidade de meninas terem acesso à mesma educação que meninos, e papai o provocou enquanto tomávamos café da manhã.

— Quando Malala for primeira-ministra, você pode ser o secretário dela — ele disse.

Atal, o palhacinho da família, fingiu estar bravo.

— Não! — gritou. — *Ela* vai ser *minha* secretária!

Toda essa brincadeira quase fez com que eu me atrasasse, então saí em disparada pela porta, o café da manhã ainda pela metade na mesa. Desci a rua correndo a tempo de alcançar o ônibus lotado de meninas a caminho da escola. Subi no ônibus naquela manhã de terça-feira e nunca mais vi minha casa.

* * *

A ida até a escola foi rápida, só cinco minutos subindo a estrada e seguindo o rio. Cheguei na hora, e o dia passou como sempre. O caos da cidade de Mingora nos rodeava com as buzinas e o barulho das fábricas enquanto trabalhávamos em silêncio, debruçadas sobre nossas provas com concentração. Ao fim do dia eu estava cansada, mas feliz; sabia que tinha ido bem.

— Vamos esperar o segundo ônibus — disse Moniba, minha melhor amiga. — Assim podemos conversar um pouco mais. — Gostávamos de ir embora mais tarde.

Havia dias que eu tinha uma sensação estranha de que algo ruim ia acontecer. Uma noite, me peguei pensando sobre a morte. *Como é estar morto de verdade?* Queria saber. Estava sozinha no meu quarto, então me virei em direção a Meca e perguntei a Deus:

— O que acontece quando morremos? Qual é a sensação?

Se eu morresse, queria poder contar às pessoas qual era a sensação.

— Malala, sua boba — disse a mim mesma. — Você estaria morta e não poderia contar às pessoas qual é a sensação.

Antes de deitar, pedi a Deus mais uma coisa. *Posso morrer um pouquinho e voltar, para poder contar às pessoas como é?*

Mas o dia seguinte amanheceu claro e ensolarado, assim como o próximo e o que veio depois dele. Então chegou aquele momento, em que eu sabia que tinha ido bem na prova. Qualquer nuvem sobre minha cabeça estava indo embora. Então Moniba e eu fizemos o que sempre fazíamos: fofocamos. Qual creme para o rosto ela estava usando? Um dos professores estava tentando curar a calvície? Agora que a primeira prova tinha passado, a próxima seria muito difícil?

Quando nosso ônibus chegou, descemos as escadas correndo. Como sempre, Moniba e as outras meninas cobriram a cabeça e o rosto antes de sair pelo portão e subir na *dyna*, o caminhão branco que funcionava como nosso ônibus escolar. E, como sempre, nosso motorista nos aguardava com um truque de mágica para nos divertir. Naquele dia, ele fez uma pedrinha desaparecer. Por mais que tentássemos, não conseguíamos descobrir o segredo.

Nos amontoamos lá dentro, vinte meninas e dois professores apertados nas três fileiras de bancos que se estendiam pela *dyna*. Era quente e grudenta, e não tinha janelas, só um plástico amarelo que batia contra a lateral enquanto balançávamos pelas ruas lotadas da hora do rush de Mingora.

A avenida Haji Baba era um emaranhado de riquixás coloridos, mulheres de túnicas fluidas, homens em motos buzinando e ziguezagueando pelo trânsito. Passamos por um feirante matando galinhas. Um menino vendendo sorvetes. Um outdoor do Instituto de Transplante Capilar do dr. Humayun. Moniba e eu estávamos mergulhadas em uma conversa. Eu tinha muitas amigas, mas ela era minha amiga do coração, aquela com quem eu compartilhava tudo. Naquele dia, quando falávamos sobre quem teria as maiores notas do semestre, uma das outras meninas começou a cantar, e todas nós cantamos junto.

Assim que passamos a fábrica Little Giants e entramos na rua que ficava a menos de três minutos da minha casa, o ônibus desacelerou. Estava estranhamente calmo do lado de fora.

— Está tão tranquilo aqui hoje — eu disse a Moniba. — Cadê todo mundo?

Não me lembro de mais nada depois disso, mas esta foi a história que me contaram:

Dois rapazes de túnica branca entraram.

— Este é o ônibus da Escola Khushal? — um deles perguntou.

O motorista riu. O nome da escola estava pintado em letras pretas na lateral do veículo.

O outro rapaz foi para a parte de trás do ônibus, onde estávamos sentadas.

— Quem é Malala? — ele perguntou.

Ninguém disse nem uma palavra, mas algumas meninas

olharam na minha direção. Ele levantou o braço e apontou pra mim. Algumas das meninas gritaram, e eu apertei a mão de Moniba.

Quem é Malala? Eu sou Malala, e esta é minha história.

PARTE I
Antes do Talibã

1. Livre como um pássaro

Eu sou Malala, uma menina como outra qualquer — mas tenho meus talentos.

Sou hiperflexível e consigo estralar os dedos das mãos e dos pés quando quiser. (Gosto de ver a expressão das pessoas quando faço isso.) Consigo derrotar pessoas com o dobro da minha idade em uma queda de braço. Gosto de bolinhos, mas não de bala. E acho que chocolate amargo nem devia ser considerado chocolate. Odeio berinjela e pimentão, e amo pizza. Acho a Bella de *Crepúsculo* muito indecisa, e não entendo por que escolheu o chato do Edward. Como eu e minhas amigas do Paquistão dizemos, ele não faz bem para ela.

Não ligo para maquiagem e joias, e não sou muito feminina. Mas minha cor favorita é rosa e admito que costumava passar muito tempo na frente do espelho brincando com meu cabelo. Quando era mais nova, tentei clarear a pele com mel, água de rosas e leite de búfala. (O cheiro de leite no rosto é muito ruim.)

Costumo dizer que, se você olhar dentro da mochila de um menino, sempre vai estar bagunçada; se olhar para o uniforme dele, sempre vai estar sujo. Não é minha opinião. É um fato.

Sou pachtum, membro de uma tribo orgulhosa espalhada pelo Afeganistão e pelo Paquistão. Meu pai, Ziauddin, e minha mãe, Tor Pekai, são de uma aldeia nas montanhas, mas, depois que se casaram, mudaram para Mingora, a maior cidade do vale do Swat, que fica no noroeste do Paquistão, onde nasci. O

Swat era famoso por sua beleza, e turistas vinham de toda parte ver as montanhas, as colinas verdejantes e os rios cristalinos.

Meu nome é uma homenagem à grande heroína pachtum Malalai, cuja coragem inspirou seus compatriotas.

Mas não acredito em brigas — mesmo quando meu irmão de catorze anos, Khushal, me irrita até não poder mais. Nunca brigo com ele. Em vez disso, *ele* briga comigo. E concordo com Newton: para toda ação existe uma reação oposta e de igual intensidade. Então acho que podemos dizer que, quando Khushal briga comigo, apenas reajo. Discutimos sobre o controle da TV. Sobre as tarefas domésticas. Sobre quem é o melhor aluno. Sobre quem comeu o último salgadinho. Sobre qualquer coisa.

Meu irmão de dez anos, Atal, me irrita menos. Ele é ótimo em correr atrás da bola de críquete quando a jogamos para fora da quadra. Mas inventa suas próprias regras de vez em quando.

Quando eu era mais nova e meus irmãos começaram a chegar, tive uma conversinha com Deus. *Deus, você não falou comigo antes de mandar esses dois. Não perguntou o que eu achava. Eles são muito inconvenientes às vezes.* Quando quero estudar, fazem um barulho terrível. E, quando estou escovando os dentes de manhã, batem na porta do banheiro. Mas pelo menos com dois irmãos podemos jogar críquete.

Lá no Paquistão, nós corríamos como um bando de coelhos, entrando e saindo dos becos perto da nossa casa; brincávamos de pega-pega, de um jogo chamado *mango, mango,* de um jogo de amarelinha chamado *chindakh* (que significa "sapo") e de polícia e ladrão. Às vezes tocávamos a campainha da casa de alguém e saíamos correndo para nos esconder. Mas nossa brincadeira preferida era o críquete. Jogávamos dia e noite no beco ao lado da nossa casa ou no terraço, que era plano. Se não tínhamos dinheiro para comprar uma bola, fazíamos uma com meias velhas, e marcávamos o placar na parede com giz. Como Atal era o mais novo, era ele quem buscava a bola quando caía do terraço; às vezes ele pegava a bola do vizinho quando ia buscar a nossa. Voltava com um sorriso atrevido e dava de ombros.

— O que tem? — dizia. — Eles pegaram nossa bola ontem!

Mas os meninos são... bom, meninos. A maioria deles não é tão civilizada quanto as meninas. Então, se eu não estava a fim de aguentar o comportamento dos dois, descia e batia no muro entre a nossa casa e a de Safina. Duas batidas, esse era nosso código. Ela batia em resposta. Eu empurrava um tijolo para o lado, abrindo um buraco entre as casas, e sussurrávamos uma para a outra. Às vezes eu ia à casa dela, ou ela à minha, e assistíamos ao nosso programa de TV favorito, *Shaka Laka Boom Boom* — sobre um menino que tem um lápis mágico. Ou trabalhávamos nas bonequinhas que estávamos fazendo com palitos de fósforo e pedaços de tecido.

Safina era minha amiga desde que eu tinha mais ou menos oito anos. Ela era alguns anos mais nova do que eu, mas éramos muito próximas. Às vezes imitávamos uma à outra, mas um dia achei que ela tinha ido longe demais, quando a coisa de que eu mais gostava — meu único brinquedo, um celular de plástico rosa que meu pai tinha me dado — desapareceu.

Naquela tarde, quando fui brincar com Safina, ela tinha um idêntico! Disse que era dela; que tinha comprado no mercado. Bom, não acreditei, e estava muito brava para pensar direito. Então, quando Safina não estava olhando, peguei um par de brincos dela. No dia seguinte, um colar. Eu nem gostava de bijuteria, mas não conseguia parar.

Alguns dias depois cheguei em casa e encontrei mamãe tão chateada que nem olhava para mim. Ela tinha encontrado as bijuterias roubadas na minha cômoda e devolvido.

— Safina me roubou primeiro! — gritei.

Mas mamãe não se abalou.

— Você é mais velha, Malala. Devia dar o exemplo.

Fui para o quarto, cheia de vergonha. Mas a longa espera até meu pai chegar em casa foi a pior coisa. Ele era meu herói — corajoso e cheio de princípios —, e eu era sua *jani*. Ia ficar tão decepcionado.

Mas ele não levantou a voz ou brigou comigo. Sabia que eu já estava sendo tão dura comigo mesma que não precisava me repreender. Em vez disso, me consolou falando sobre os erros que grandes heróis cometeram quando criança.

Heróis como Mahatma Gandhi, o grande pacifista, e Mohammad Ali Jinnah, o fundador do Paquistão. Ele mencionou um ditado que seu pai dizia: "Uma criança é uma criança quando é criança, mesmo que seja um profeta".

Pensei em nosso código Pachtunwali, que rege como nós, pachtuns, vivemos. Uma parte desse código é sobre *badal* — vingança —, e diz que um insulto deve ser respondido com outro, uma morte com outra, e assim por diante.

Senti o gosto da vingança. E era amargo. Naquele dia jurei que jamais tomaria parte em um *badal*.

Pedi desculpas a Safina e seus pais. Eu esperava que ela também pedisse desculpas e devolvesse meu celular. Mas minha amiga não disse nada. E, por mais difícil que fosse manter minha nova promessa, não falei nada sobre minha suspeita quanto ao paradeiro do celular.

Safina e eu logo voltamos a ser amigas e retomamos as brincadeiras de pega-pega com nossos vizinhos. Naquela época, morávamos em uma parte da cidade que ficava longe do centro. Atrás da nossa casa havia um gramado com ruínas misteriosas — estátuas de leões, colunas partidas de uma velha estupa e centenas de pedras enormes que pareciam guarda-chuvas gigantes — onde, no verão, brincávamos de *parpartuni*, um jogo de esconde-esconde. No inverno, fazíamos bonecos de neve até nossas mães nos chamarem para tomar uma caneca de chá quente com leite e cardamomo.

Desde que consigo lembrar, nossa casa sempre foi cheia de gente: vizinhos, parentes e amigos de papai — e um fluxo sem fim de primos e primas. Eles vinham das montanhas onde meus pais cresceram ou da cidade mais próxima. Mesmo quando nos mudamos da nossa primeira casa minúscula e ganhei meu próprio quarto, ele raramente era só meu. Sempre tinha algum primo dormindo no chão. Isso porque uma das partes mais importante do código Pachtunwali é a hospitalidade. Como pachtuns, sempre devemos abrir nossa porta para um visitante.

Minha mãe e as mulheres se reuniam na varanda nos fundos da nossa casa e cozinhavam e riam e conversavam sobre roupas novas, joias e outras mulheres da vizinhança, enquanto meu pai e os homens sentavam na sala de estar dos homens e bebiam chá e falavam de política.

Eu costumava me afastar das brincadeiras das crianças, passar na ponta dos pés pelas mulheres e me juntar aos homens. Tinha a impressão de que lá acontecia algo empolgante e importante. Não sabia o que era, exatamente, e certamente não entendia nada de política, mas me sentia atraída pelo mundo dos homens. Sentava aos pés do meu pai e absorvia a conversa. Amava ouvi-los debatendo política. Mas principalmente amava sentar entre eles, hipnotizada pela conversa sobre o grande mundo para além do nosso vale.

Por fim eu saía da sala e ficava um pouco entre as mulheres. As imagens e os sons de seu mundo eram diferentes. Havia sussurros suaves e confidentes. Algumas vezes, risadas tilintantes. Outras, estridentes e barulhentas. Mas o mais impressionante de tudo era que os véus e lenços sumiam. Seus cabelos escuros e compridos e seus lindos rostos — enfeitados com batom e hena — eram lindos de ver.

Vi essas mulheres quase todos os dias da minha vida observando o regime da *purdah*, segundo o qual devem se cobrir em público. Algumas, como mamãe, simplesmente envolviam o rosto com um lenço; o nome disso é *niqab*. Mas outras usavam burcas, túnicas pretas compridas e fluidas que cobriam a cabeça e o rosto, para que as pessoas não pudessem ver nem os olhos. Algumas chegavam a usar luvas pretas e meias para que nem um pedaço de pele ficasse à mostra. Vi esposas obrigadas a andar alguns passos atrás do marido. Vi mulheres forçadas a abaixar o olhar quando encontravam um homem. E vi meninas mais velhas que tinham sido minhas amigas desaparecerem atrás de véus assim que se tornaram adolescentes.

Mas ver essas mulheres batendo papo casualmente — os rostos radiantes de liberdade — era ver um mundo novo.

Nunca ajudei muito na cozinha — admito que tentava me livrar de cortar legumes e lavar pratos sempre que podia —, então não ficava lá muito tempo. Mas, ao sair correndo, sempre me perguntava como seria viver se escondendo.

Viver embaixo de panos parecia tão injusto — e desconfortável. Desde pequena, eu dizia aos meus pais que, independentemente do que as outras meninas fizessem, nunca cobriria meu rosto daquele jeito. Meu rosto era minha identidade. Mamãe, que é muito devota e tradicional, ficava chocada. Nossos parentes achavam que eu era muito ousada. (Alguns diziam mal-educada.) Mas papai dizia que eu podia fazer como quisesse.

— Malala vai viver livre como um pássaro — ele dizia para todo mundo.

Então eu corria para me juntar de novo às crianças. Principalmente quando chegava a hora da competição de empinar pipa — em que os meninos tentavam cortar a linha dos adversários. Era um jogo empolgante, cheio de fugas e mergulhos imprevisíveis. Eu achava bonito, mas também um pouco triste, ver as lindas pipas jogadas no chão.

Talvez eu achasse isso porque vislumbrava um futuro que seria cortado exatamente como aquelas pipas — pelo simples fato de ser menina. Apesar do que papai dizia, eu sabia que, quando Safina e eu ficássemos mais velhas, as pessoas iam querer que cozinhássemos e limpássemos para nossos irmãos. Poderíamos nos tornar médicas, porque precisavam de médicas mulheres para cuidar de pacientes mulheres, mas não poderíamos ser advogadas ou engenheiras, designers de moda ou artistas — ou qualquer outra coisa que sonhássemos ser. E não permitiriam que saíssemos de casa sem um parente homem que nos acompanhasse.

Enquanto via meus irmãos subirem correndo para o terraço para empinar suas pipas, me perguntava quão livre eu realmente poderia ser.

Mas sabia, mesmo naquela época, que era a menina dos olhos do meu pai. Uma coisa rara para uma paquistanesa.

Quando um menino nasce no Paquistão, é motivo de celebração. Todos dão tiros para o alto. Presentes são colocados no berço do bebê. E o nome do menino é inscrito na árvore genealógica. Mas, quando uma menina nasce, ninguém visita os pais, e as mulheres sentem compaixão pela mãe.

Papai não ligava para esses costumes. Vi meu nome — em tinta azul-clara — no meio dos nomes masculinos da nossa árvore genealógica. O meu era o primeiro nome feminino em trezentos anos.

Durante toda a minha infância, ele cantou uma música sobre minha xará pachtum famosa:

— *Oh, Malalai de Maiwand. Ergue-te mais uma vez para ensinar aos pachtuns o significado da honra. Tuas palavras poéticas movem mundos. Eu imploro, ergue-te mais uma vez.*

Quando era pequena, não entendia o que tudo isso significava. Quando cresci, no entanto, compreendi que Malalai era uma heroína e um modelo a ser seguido, e quis aprender alguma coisa com ela.

Quando comecei a ler, aos cinco anos, papai se gabava para os amigos.

— Olhem para essa menina — dizia. — Está destinada a grandes coisas!

Eu fingia ficar com vergonha, mas os elogios dele sempre foram o que havia de mais precioso no mundo para mim.

Eu era muito mais sortuda do que a maioria das garotas por mais um motivo: meu pai administrava uma escola. Era um lugar humilde com nada além de quadros-negros e giz — e ficava bem ao lado de um rio fedorento. Mas para mim era um paraíso.

Meus pais dizem que, mesmo antes de começar a falar, eu engatinhava até as salas vazias e lecionava. Dava aulas em minha própria fala de bebê. Às vezes deixavam que eu sentasse na sala com as outras crianças, ouvindo impressionada tudo o que ensinavam a elas. Conforme crescia, não via a hora de usar o uniforme que as meninas mais velhas vestiam todos os dias para ir à escola: *shalwar kamiz* — uma túnica longa azul e calças brancas soltinhas — e um lenço branco na cabeça.

Papai abriu a escola três anos antes de eu nascer, e era professor, contador e diretor — além de zelador, faz-tudo e eletricista. Ele subia a escada para trocar lâmpadas e descia no poço quando uma bomba d'água quebrava. Quando o via desaparecer naquele poço, eu chorava, achando que nunca mais ia voltar. Embora não entendesse naquele tempo, hoje sei que nunca havia dinheiro suficiente. Depois de pagar o aluguel e os salários, não havia muito para comprar comida, então tínhamos pouco para o jantar. Mas a escola era o sonho do meu pai, e todos estávamos muito felizes em vivê-lo.

Quando finalmente chegou a hora de frequentar as aulas, fiquei tão animada que não conseguia me conter. Posso dizer que cresci em uma escola. A escola era meu mundo, e meu mundo era a escola.

2. Sonhos

Toda primavera e todo outono, durante os feriados do Grande Eid e do Pequeno Eid, minha família visitava um dos meus lugares favoritos no mundo: Shangla, a aldeia onde meus pais cresceram, nas montanhas. Carregados de presentes para nossos parentes — xales bordados, caixas de doces de rosa e pistache, remédios que eles não conseguiam comprar na aldeia —, íamos até a estação de ônibus de Mingora e víamos praticamente todo o resto da cidade amontoado esperando pela Carruagem Voadora.

Guardávamos nossos presentes — junto com os sacos de farinha e açúcar, cobertores e baús que as outras famílias levavam — em uma pilha em cima do ônibus. Depois nos amontoávamos dentro dele para a viagem de quatro horas subindo estradas sinuosas e esburacadas até as montanhas. No primeiro quarto da viagem, a estrada era uma série de zigue-zagues que acompanhavam o rio Swat de um lado e eram cercados de penhascos do outro. Meus irmãos adoravam apontar veículos que tinham caído no vale lá embaixo.

A Carruagem Voadora ia cada vez mais alto, até o ar ficar frio. No fim, não víamos nada além de montanha após montanha. Montanha, montanha, montanha e só uma fatia de céu.

A maioria das pessoas em Shangla era muito pobre e não havia comodidades modernas, como hospital e mercado, mas nossa família sempre servia um jantar enorme pra nós quando chegávamos. Esse banquete era especialmente bem-vindo no Pequeno Eid, que marca o fim de um mês de jejum diurno do

Ramadã. Eram tigelas de frango, arroz, espinafre e cordeiro, maçãs enormes e crocantes, lindos bolos e grandes chaleiras de chá com leite.

Mesmo quando tinha sete ou oito anos, eu era considerada uma menina sofisticada da cidade, e às vezes meus primos me provocavam porque eu não gostava de ficar descalça e usava roupas compradas no mercado, não feitas em casa como as deles. Eu tinha um sotaque da cidade e falava gírias da cidade, então eles achavam que eu era moderna. Se soubessem... As pessoas de cidades de verdade, como Peshawar ou Islamabad, me achariam bem retrógrada.

Quando estava na aldeia, no entanto, eu levava a vida de uma menina do campo. De manhã, levantava quando o galo cantava ou quando ouvia o bater de louças das mulheres lá embaixo preparando o café para os homens. Então todas as crianças saíam de casa para saudar o dia. Comíamos mel direto da colmeia e ameixas verdes polvilhadas com sal. Nenhum de nós tinha brinquedos ou livros, então jogávamos amarelinha e críquete em um barranco.

À tarde os meninos iam pescar enquanto as meninas desciam o rio para nossa brincadeira preferida: casamento. Escolhíamos uma noiva e a preparávamos para a cerimônia. Nós a cobríamos de pulseiras e colares e maquiávamos seu rosto e pintávamos suas mãos com hena. Quando estava pronta para ser entregue ao noivo, ela fingia chorar, e passávamos a mão em seu cabelo e dizíamos para não se preocupar. Às vezes caíamos na gargalhada.

A vida das mulheres nas montanhas não era fácil. Não havia lojas decentes, nem universidades, nem hospitais ou médicas mulheres, não havia água limpa ou eletricidade provida pelo governo. Muitos homens haviam deixado as aldeias para trabalhar na construção de estradas e em minas muito distantes, e mandavam dinheiro para casa quando podiam. Às vezes nunca mais voltavam.

As mulheres da aldeia também tinham que esconder o rosto sempre que saíam de casa. E não podiam encontrar ou falar com homens que não fossem parentes próximos. Nenhuma delas sabia ler. Nem mesmo minha mãe, que agora vivia na cidade, sabia. Não é nada incomum que mulheres do meu país sejam analfabetas, mas ver minha mãe, uma mulher inteligente e orgulhosa, sofrendo para entender os preços no mercado dava uma tristeza tácita em nós duas, acho.

Muitas meninas da aldeia — incluindo a maior parte das minhas primas — não vão à escola. Alguns pais nem pensam em suas filhas como membros importantes da família, porque vão casar jovens e viver com a família do marido.

— Por que mandar uma filha para a escola? — os homens diziam. — Ela não vai precisar de educação para administrar um lar.

Eu nunca respondia aos mais velhos. Na minha cultura, não devemos desrespeitá-los — mesmo quando estão errados.

Mas eu via como a vida das mulheres era difícil, e ficava confusa e triste. Por que as mulheres eram tão maltratadas em nosso país?

Perguntei ao meu pai, e ele me contou que a vida era ainda pior para as mulheres no Afeganistão, que havia sido dominado por um grupo chamado Talibã. Escolas para meninas foram incendiadas, e agora todas as mulheres eram forçadas a usar um tipo de burca radical, um véu que ia da cabeça aos pés e tinha apenas uma grade de tecido nos olhos. As mulheres foram proibidas de rir alto e usar esmaltes, e eram espancadas ou presas por andar sem um homem da família.

Estremeci quando ele me contou essas coisas e agradeci a Deus por morar no Paquistão, onde as meninas eram livres para ir à escola.

Foi a primeira vez que ouvi falar no Talibã. O que eu não sabia era que eles não estavam só no Afeganistão. Havia um grupo no Paquistão, que não ficava longe de nós, em uma área tribal (conhecida como FATA). Alguns eram pachtuns, como nós, e logo lançariam uma nuvem negra sobre minha infância ensolarada.

Mas meu pai disse para eu não me preocupar.

— Vou proteger sua liberdade, Malala. Continue a sonhar.

3. O lápis mágico

Quando fiz oito anos, papai já tinha mais de oitocentos alunos em três prédios — em um deles ficava o ensino fundamental e em outros dois o ensino médio, um para meninos e um para meninas —, então nossa família finalmente tinha dinheiro suficiente para comprar uma tv. Foi quando fiquei obcecada pela ideia de ter um lápis mágico. Tirei isso do *Shaka Laka Boom Boom*, o programa a que Safina e eu assistíamos depois da aula. Era sobre um menino chamado Sanju, que transformava qualquer coisa em realidade desenhando. Se estava com fome, desenhava uma tigela de curry, e ela aparecia na sua frente. Se estava em perigo, desenhava um policial. Ele era um pequeno herói, sempre protegendo as pessoas que estavam em apuros.

À noite, eu rezava: *Deus, por favor, me dê o lápis do Sanju. Não conto pra ninguém. É só deixar na minha cômoda. Vou usá-lo para fazer todo mundo feliz.* Assim que terminava de rezar, eu abria a gaveta. Mas o lápis nunca estava lá.

Certa tarde, os meninos não estavam em casa e mamãe pediu que eu jogasse fora umas cascas de batata e de ovo. Fui até o lixão, a mais ou menos uma quadra da nossa casa, franzindo o nariz conforme chegava perto, afastando moscas e prestando bastante atenção para não pisar em nada com meus sapatos bons. Se tivesse o lápis mágico de Sanju, eu apagaria tudo: o cheiro, os ratos, a montanha gigante de comida apodrecendo. Quando joguei o lixo na pilha, vi alguma coisa se mexer. Dei um pulo.

Era uma menina da minha idade. Seu cabelo estava bagunçado e a pele, coberta de feridas. Ela separava o lixo em pilhas, uma de latas, uma de garrafas. Perto dali, meninos pescavam na pilha de metal usando ímãs e cordas. Eu queria conversar com eles, mas estava com medo.

Mais tarde, naquele mesmo dia, quando papai voltou para casa, contei a ele sobre as crianças no lixão e o arrastei para vê-las. Ele falou com as crianças com gentileza, mas elas saíram correndo. Perguntei por que não estavam na escola. Papai me disse que aquelas crianças estavam ajudando a família, vendendo o que encontravam por algumas rupias; se elas fossem à escola, suas famílias passariam fome. Enquanto caminhávamos de volta para casa, vi lágrimas em seu rosto.

Acredito que há algo de bom para cada coisa ruim, e que para cada pessoa má Deus manda uma boa. Então decidi que era hora de conversar com Ele sobre esse problema. *Querido Deus*, escrevi em uma carta. *Você sabia que existem crianças que são obrigadas a trabalhar no lixão?* Parei. Claro que ele sabia! Então percebi que foi a vontade de Deus que *eu* as visse. Ele estava me mostrando como seria minha vida se não pudesse ir à escola.

Até aquele momento, eu acreditava que um lápis mágico podia mudar o mundo. Agora entendia que *eu* teria que fazer alguma coisa. Não sabia ainda o que era, mas pedi a Deus força e coragem para transformar o mundo em um lugar melhor. Assinei a carta, enrolei o papel, prendi em um pedaço de madeira, coloquei um dente-de-leão em cima e joguei em um riacho que vai até o rio Swat. Com certeza Deus a encontraria lá.

Assim como eu queria ajudar as crianças do lixão, mamãe queria ajudar o mundo inteiro. Começou a colocar migalhas de pão em uma tigela na janela da cozinha. Perto dela, colocava outra com arroz e frango. O pão era para os pássaros; a comida era para uma família pobre da vizinhança.

Perguntei uma vez por que ela sempre dava comida.

— Nós sabemos como é passar fome, *pisho* — ela disse. — Nunca devemos nos esquecer de dividir o que temos.

Então dividíamos tudo. Dividimos até nossa casa com uma família de sete pessoas que estava passando por um momento difícil. Eles deveriam pagar aluguel ao meu pai, mas na maioria das vezes era ele que acabava emprestando dinheiro à família. E, embora a escola não estivesse dando lucro real, papai abria mais de cem vagas gratuitas para crianças pobres. E queria poder abrir mais. Enquanto isso, mamãe servia café da manhã para algumas meninas na nossa casa todos os dias.

— Como elas vão aprender se estão de estômago vazio? — dizia.

Um dia percebi que algumas alunas antigas não iam mais às aulas. Perguntei ao meu pai onde estavam.

— Ah, *jani* — ele disse. — Alguns dos pais mais ricos tiraram as crianças da escola quando descobriram que estavam na mesma sala que os filhos das pessoas que limpavam sua casa ou lavavam sua roupa.

Eu era jovem, mas tinha idade suficiente para saber que aquilo não estava certo e entender que, se muitos alunos pagantes saíssem, isso dificultaria as coisas para a escola e para nossa família. O que eu não sabia era que uma ameaça ainda maior estava surgindo — não só para nossa família e nossa escola, mas para todo o Paquistão.

4. Um aviso de Deus

Em um dia de outono, quando eu ainda estava no ensino fundamental I, nossas carteiras começaram a tremer.

— Terremoto! — gritamos.

Saímos correndo, alguns de nós caíram enquanto passávamos amontoados pela porta estreita e nos reuníamos em volta dos professores em busca de segurança e conforto, como pintinhos ao redor da galinha. Algumas meninas choravam.

Morávamos em uma região onde terremotos eram frequentes, mas esse parecia diferente. Mesmo depois de voltarmos às salas, os prédios continuavam a tremer; o estrondo não parava. A srta. Ulfat, minha professora preferida de todas, nos disse para ficarmos calmos. Ela nos garantiu que acabaria logo. Mas, quando outro terremoto forte nos atingiu alguns minutos depois do primeiro, os alunos foram mandados para casa.

Quando cheguei, encontrei mamãe sentada no pátio (onde se sentia mais segura, porque não havia teto sobre sua cabeça). Estava recitando versos do Sagrado Corão e lágrimas escorriam pelo seu rosto. Os tremores continuaram durante a tarde e depois do anoitecer, e cada vez que aconteciam minha mãe corria lá para fora e insistia que fôssemos com ela. Meu pai pediu que não deixasse as crianças nervosas, mas já estávamos nervosos — afinal, o chão estava tremendo!

O terremoto de 8 de outubro de 2005 acabou se revelando um dos mais graves da história. Atingiu 7,6 pontos na escala Richter e foi sentido em lugares distantes, como Cabul e Déli. Os tremores continuaram durante pelo menos um mês. Mingora não sofreu tanto, mas as áreas ao norte do Paquistão, incluindo nossa amada Shangla, foram devastadas.

Quando finalmente tivemos notícias de nossos familiares e amigos por lá, disseram que parecia o fim do mundo. Descreveram o barulho das pedras deslizando montanha abaixo e todos correndo para fora de casa recitando o Sagrado Corão, os gritos quando telhados desabavam e o mugido de búfalos e cabras. Estavam aterrorizados; quando a destruição acabou, esperaram por ajuda.

O governo demorou a chegar, mas imediatamente foi posta em prática uma operação de resgate organizada por um grupo religioso conservador chamado Tehrik-e-Nifaz-e-Sharia-e--Mohammadi (TNSM), ou Movimento pelo Cumprimento da Lei Islâmica, fundado por Sufi Mohammad e seu genro, o *maulana* Fazlullah.

Enfim o governo tentou ajudar, e o auxílio dos americanos (que tinham tropas e helicópteros no Afeganistão, que ficava próximo) conseguiu chegar. Mas a maioria dos voluntários e da ajuda médica veio de organizações ligadas a grupos militantes como o TNSM. Eles ajudaram a limpar e reconstruir aldeias destruídas. Lideraram pregações e enterraram corpos. Acolheram muitas das 11 mil crianças que ficaram órfãs. Na nossa cultura, os órfãos são geralmente adotados por seus familiares, mas o terremoto foi tão terrível que famílias inteiras foram dizimadas ou perderam tudo, e não tinham condições de cuidar de mais crianças. Muitos órfãos foram viver em *madrasas* fundamentalistas.

Mulás do TNSM pregavam que o terremoto era um aviso de Deus. Se não corrigíssemos nossos costumes e não introduzíssemos a *sharia*, ou lei islâmica, castigos mais severos viriam.

O país inteiro ficou em choque por muito tempo depois do terremoto. Estávamos vulneráveis. Isso tornou muito mais fácil para alguém com más intenções usar o medo em seu benefício.

5. A primeira ameaça direta

Toda manhã, enquanto eu e minhas amigas passávamos pelo portão da escola, um homem do outro lado da rua ficava olhando com cara feia pra nós. Então certa noite ele veio à nossa casa, com seis anciãos da comunidade. Abri a porta. Ele disse que era um mufti, um erudito islâmico, e que tinha um problema com a escola. Meu pai me mandou ir para outro cômodo quando o mufti e os anciãos entraram em nossa pequena casa, mas ouvi cada palavra.

— Represento os bons muçulmanos — o mufti disse. — E todos consideramos sua escola para meninas uma blasfêmia. Você precisa fechá-la. Meninas adolescentes não devem ir à escola. Devem ficar reclusas em *purdah*.

O mufti estava claramente sob a influência de um *maulana* que tinha um programa de rádio ilegal em que dava sermões e protestava contra as pessoas que considerava "anti-islâmicas".

O que nós sabíamos, mas o mufti não, era que sua própria sobrinha frequentava a escola em segredo.

Enquanto papai argumentava, um dos anciãos tomou a palavra.

— Ouvi dizer que você não é um homem devoto — ele disse a meu pai. — Mas há exemplares do Corão em sua casa.

— Claro que sim! — meu pai disse. — Sou muçulmano.

O mufti retomou a palavra, reclamando que as garotas entravam na escola pelo mesmo portão que os homens. Então meu pai sugeriu que as meninas mais velhas entrassem por um portão diferente.

No fim, o mufti desistiu e os homens foram embora. Mas, mesmo depois de a porta se fechar atrás deles, continuei a sentir um nó no estômago. Cresci presenciando homens pachtum teimosos e orgulhosos. Geralmente, quando um deles perde uma discussão, não esquece. Nem perdoa.

Apesar de ser uma criança, eu sabia que aquele homem estava errado. Eu estudava o Corão, nosso livro sagrado, desde que tinha cinco anos, e meus pais me mandavam a uma *madrasa* para os estudos religiosos à tarde, depois da escola. Era uma mesquita a céu aberto, onde meninos e meninas estudavam o Sagrado Corão juntos. Eu amava estudar o alfabeto arábico. Amava as formas estranhas e misteriosas das letras, o som das orações quando todos as recitávamos juntos e as histórias sobre como viver de acordo com os ensinamentos de Alá.

Minha professora lá era mulher. Era gentil e sábia. Para mim, a *madrasa* era um lugar apenas para educação religiosa; eu ia para a Escola Khushal para todos os outros estudos. Mas para muitas daquelas crianças a *madrasa* era o único lugar em que estudavam a vida toda. Não tinham nenhuma outra aula: ciências, matemática, literatura. Estudavam apenas o árabe para que pudessem recitar o Sagrado Corão. E não aprendiam o que as palavras significavam, apenas como dizê-las.

Eu nunca tinha pensado muito sobre essa diferença até a visita do mufti à nossa casa. Um dia, eu estava brincando com as crianças da vizinhança e, quando estávamos nos dividindo para jogar críquete, um dos meninos disse que não me queria no time dele.

— Nossa escola é melhor que a sua — ele disse, como se isso explicasse.

Não concordei nem um pouco.

— Minha escola é a melhor — eu disse.

— Sua escola é ruim — ele insistiu. — Não segue o caminho do Islã.

Eu não sabia como responder a isso, mas sabia que ele estava errado. Minha escola era o céu.

Porque, dentro da Escola Khushal, voávamos nas asas do conhecimento. Em um país onde mulheres não podem sair em público sem um homem, nós meninas viajávamos para longe dentro das páginas de nossos livros. Em uma terra onde muitas mulheres não conseguem nem ler os preços no mercado, fazíamos multiplicações. Em um lugar onde, assim que nos tornássemos adolescentes, teríamos que cobrir a cabeça e nos esconder dos meninos que eram nossos companheiros de brincadeiras, corríamos livres como o vento.

Não sabíamos para onde nossa educação nos levaria. Tudo o que queríamos era a chance de aprender em paz. E era isso que fazíamos. O mundo louco continuava fora dos muros da Escola Khushal. Do lado de dentro, podíamos ser quem éramos.

Nossas únicas preocupações, assim que largávamos a mochila na sala, eram as mesmas de qualquer outra criança que frequentasse a escola: quem teria a nota mais alta na prova e quem sentaria com quem na hora do intervalo.

Era motivo de orgulho para mim o troféu de primeiro lugar que ganhei ao final de quase todos os anos do ensino fundamental I. Eu era considerada uma das melhores alunas — e era filha do diretor, então algumas meninas achavam que talvez houvesse alguma conexão aí. Mas meu pai se orgulhava por não me dar nenhum tipo de tratamento especial. E isso ficou claro para todos quando eu tinha mais ou menos nove anos e uma menina nova entrou na escola.

Seu nome era Malka-e-Noor, e ela era inteligente e determinada, mas eu não achava que fosse tão inteligente quanto eu. Então, no último dia de aula daquele ano, quando os prêmios foram anunciados, fiquei atordoada. Malka-e-Noor tinha ficado com o primeiro lugar, e eu com o segundo.

Sorri com educação quando ela recebeu o troféu, mas caí no choro no minuto em que cheguei em casa. Quando meu pai me viu, ele me consolou, mas não do jeito que eu queria.

— É uma coisa boa ficar em segundo lugar — disse. — Porque você aprende que, se pode ganhar, também pode perder. E deve aprender a ser uma boa perdedora, não só uma boa ganhadora.

Eu era muito nova — e muita teimosa — para entender suas palavras. (E, para falar a verdade, ainda prefiro ficar em primeiro.) Mas, depois daquele ano, me esforcei ainda mais para nunca ter que aprender a ser uma boa perdedora de novo!

Outra de minhas preocupações frequentes era se Moniba estava brava comigo. Ela era minha melhor amiga, estudiosa como eu, quase minha irmã gêmea. Sentávamos juntas sempre que possível — no ônibus, no intervalo, na sala —, e ela me fazia rir como mais ninguém. Mas tínhamos o costume de brigar, e sempre sobre a mesma coisa: outra menina que ficava entre a gente.

— Você é minha amiga ou dela? — Moniba perguntava se eu sentava com outra menina no intervalo.

— Moniba — eu dizia —, foi você que me ignorou!

O pior era quando Moniba se recusava a conversar comigo. Então eu ficava brava com ela por ficar tão brava comigo! Às vezes essas brigas duravam dias. No fim, eu sentia muito a falta dela e assumia a responsabilidade pela briga. (Parecia que eu era sempre a culpada!) Então ela fazia uma cara engraçada e a gente caía na risada e esquecia nossas diferenças. Até a próxima vez que outra menina ficasse entre nós.

Como um lugar onde eu aprendia tanto e ria tanto poderia ser ruim?

PARTE II
Uma sombra sobre nosso vale

6. Mulá FM

Certa noite, eu estava na casa de um dos meus familiares em Mingora quando ouvi um lamento estranho vindo do rádio.

Depois de um longo dia cozinhando, as mulheres tinham ligado o rádio enquanto limpavam tudo. Como de costume, eu fazia o possível para me livrar de ter que lavar a louça, mas parei ao som desse lamento estranho.

De início, parecia só mais um imã dando conselhos para levar uma vida virtuosa. *Parem de fumar*, ele dizia. *E rezem diariamente*. As mulheres murmuravam em aprovação, minha mãe entre elas.

Então ele começou a chorar. *Parem de ouvir música*, implorava. *Parem de ir ao cinema. Parem de dançar. Parem*, implorava, *ou Deus mandará outro terremoto para punir todos nós*. Algumas mulheres começaram a chorar também. Lembranças terríveis do terremoto no ano anterior estavam frescas na memória; algumas delas haviam enterrado filhos e marido e ainda estavam de luto.

Eu sabia que o que o mulá do rádio estava dizendo não era verdade. Um terremoto é um acontecimento geológico que pode ser explicado pela ciência, queria dizer a elas. Mas essas mulheres, muitas das quais não tinham estudado e haviam sido criadas para seguir os ditames dos líderes religiosos, estavam com medo. Quando o mulá chorou, elas choraram também.

Mesmo na escola, minhas amigas só falavam no que ficou conhecido como Mulá FM, embora meu pai tenha dito para não escutarmos. Nosso rádio velho estava quebrado, então eu não havia escutado as últimas transmissões, mas ouvia na casa de amigos ou parentes, e minhas amigas na escola repetiam os sermões noturnos quase palavra por palavra. Todas as músicas eram *haram*, ele dizia, proibidas pelo Islã. Só aquela estação de rádio era permitida. Os homens deviam deixar a barba e o cabelo crescer, em vez de mantê-los curtos, seguindo o que ele chamava de moda "inovadora". E as mulheres, dizia, deviam ficar em casa, em *purdah* o tempo todo: deviam sair apenas em caso de emergência, somente usando burca e com um familiar do sexo masculino.

No início, minha mãe gostava dos sermões quando ouvia com nossos parentes — principalmente quando falavam da necessidade de orações diárias. As pessoas, principalmente as mulheres, romantizavam o mulá. Achavam que ele era um bom intérprete do Sagrado Corão e admiravam seu carisma. Gostavam quando falava sobre trazer de volta a lei islâmica, porque todos estavam frustrados com o sistema corrupto e lento do Paquistão. Seus seguidores cantavam poemas que pareciam bonitos, mas na verdade eram mensagens que motivavam as meninas a parar de ir à escola.

Meu pai não o aprovou desde o início.

— Nenhuma Mulá FM vai me dizer o que fazer. Esse "mulá" é um absurdo e um problema — dizia.

— Não fale assim — minha mãe o repreendia. — Deus vai ficar zangado com você.

Acabou que meu pai estava certo.

Ele tinha investigado o homem por trás da voz misteriosa do rádio.

— Esse "mulá" abandonou a escola! Nem tem credenciais religiosas. Está disseminando a ignorância.

A voz no rádio pertencia a *maulana* Fazlullah, um dos líderes do TNSM. Seus seguidores ajudaram muitas pessoas depois do terremoto, e ele estava se aproveitando do trauma para instigar o medo.

Logo os ataques do pretenso mulá se tornaram pessoais.

Fazlullah anunciava nomes de homens que falavam contra ele. Pessoas que conhecíamos. Pessoas que não conhecíamos. Pessoas que faziam campanha pela paz no vale, mas também pessoas que acreditavam estar em conversas privadas. De repente todos foram chamados — publicamente — de pecadores. Era como se a Mulá FM e seus homens pudessem enxergar através das paredes.

Agora que eu estava ficando mais velha, já não era tão fácil ouvir a conversa dos homens sem ser notada. Então eu me oferecia para servir o chá — já que só assim poderia escutar o que discutiam.

Naqueles dias havia apenas dois assuntos: a Mulá FM e a luta do outro lado da fronteira, no Afeganistão. Eu tinha quatro anos quando os ataques do Onze de Setembro aconteceram, mas cresci ouvindo o nome de Osama bin Laden. Em nosso país, todos sabiam sobre o Onze de Setembro e sobre Osama bin Laden. Diziam que ele havia planejado os ataques perto dali, no Afeganistão, e os Estados Unidos e seus aliados tinham passado os últimos anos em guerra para encontrá-lo — e para derrotar a Al-Qaeda e o governo Talibã no Afeganistão, que o protegia.

O Talibã. Assim que ouvia essa palavra, ficava de orelhas em pé. Pensava na conversa que tivera com meu pai quando estávamos em Shangla. O Talibã parecia uma coisa distante naquela época, algo ruim mas longe de nós. Muitos amigos do meu pai acreditavam que, apesar da popularidade que Fazlullah estava alcançando e de sua associação com o Talibã no Paquistão, eles ainda estavam muito longe para ser uma preocupação, mas meu pai avisou que chegaria o dia em que o Talibã alcançaria nosso vale.

— Eles já estão na região tribal — dizia —, e continuam se aproximando. — Então citava um provérbio: — Acontecimentos vindouros lançam sua sombra diante de si.

Fazlullah avançou devagar no início, mas, nos dois anos que seguiram o terremoto, lançou mesmo uma longa sombra. Eu estava crescendo e, pela primeira vez, percebi que nosso mundo mudava diante dos meus olhos, e não era para melhor.

Quando ia para a cama todas as noites, conversava com Deus. *Por favor, Deus, diga o que posso fazer. Sou só uma garotinha, mas você não teria um trabalhinho para mim?*

Acordei um dia com um plano. Ia ignorar toda a conversa sobre Fazlullah quando chegasse à escola. Minhas amigas e eu deveríamos falar sobre Bella e Edward ou sobre Fruity, do programa de TV indiano *Son Pari*; se não quisessem falar sobre isso, poderíamos falar sobre críquete, irmãos mais novos irritantes ou centenas de outras coisas.

Mas quando cheguei à escola minhas amigas estavam todas amontoadas em um canto falando sobre o último sermão. Na noite anterior, Fazlullah havia anunciado que escolas para meninas eram *haram*. Ele acabara de declarar nosso santuário da paz proibido pelo Sagrado Corão.

Fazlullah ainda era apenas uma voz no rádio. O que não sabíamos era que iria muito mais longe em sua campanha contra as escolas para meninas nos dias que viriam.

7. O Talibã no Swat

A Mulá FM continuou sua campanha contra qualquer coisa que considerasse anti-islâmica ou ocidental. As pessoas ouviam as transmissões regularmente — muitas para se certificar de que seu nome não estava na lista anunciada. Com essas transmissões ilegais, Fazlullah incentivava pais a não vacinar os filhos contra a poliomielite. Afirmava que essa assistência médica não tinha o intuito de ajudar: era uma manobra dos países ocidentais para prejudicar crianças muçulmanas.

Fazlullah não estava só interferindo na saúde pública e falando contra as escolas para meninas — também ameaçava barbeiros que faziam cortes de cabelo ocidentais e lojas de música. Persuadia pessoas a doarem joias e dinheiro e usava os fundos para fazer bombas e treinar militantes.

Nós vimos os seguidores de Fazlullah — com barba e cabelos longos, vestindo turbante preto e *shalwar kamiz* branco — nas cidadezinhas que ficavam no caminho da casa de nossa família nas montanhas. Seus homens carregavam armas e andavam pelas ruas com um jeito ameaçador. Mas mesmo que não os víssemos em Mingora, sentíamos sua presença. Era como se Fazlullah falasse a partir dos céus, lançando uma nuvem negra de medo sobre nosso vale.

A polícia tentou pará-lo, mas seu movimento só ficava mais forte. Em maio de 2007, ele assinou um acordo de paz com o governo, dizendo que pararia sua campanha contra a vacinação contra a poliomielite e a educação das meninas, e também seus ataques contra as propriedades do governo. Em troca, suas transmissões poderiam continuar.

Em julho, tudo mudou.

Perto do meu aniversário de dez anos, o Exército paquistanês liderou um cerco a uma *madrasa* de mulheres em Islamabad, a capital da nossa nação. Um grupo de militantes com uma posição ativa contra o governo havia feito reféns e se escondido dentro da *madrasa* de Lal Masjid, conhecida como Mesquita Vermelha. Depois do ataque do Exército, que durou dias e resultou em muitas mortes, Fazlullah fez um de seus anúncios mais estranhos: declarou guerra contra o governo e convocou as pessoas a agir com violência. O tratado de paz ficou no passado.

Mas o governo o ignorou como se fosse uma mosca irritante. E nos ignorou também, o povo do Swat, que estava sob seu poder. Estávamos irritados com o governo e irritados com esses terroristas por tentar destruir nosso modo de vida, mas meu pai dizia que nossa família tinha que fazer o possível para ignorá-los também.

— Devemos levar uma vida plena, pelo menos em nosso coração — dizia.

Então, como de costume, nossas conversas nos jantares em família continuaram a ser sobre temas intelectuais: Einstein e Newton, poetas e filósofos. E, também como de costume, meus irmãos e eu continuamos a discutir sobre o controle remoto, quem tinha as melhores notas, além de toda e qualquer coisa. De alguma forma eu conseguia ignorar o Talibã, mas não conseguia ignorar aqueles dois moleques irritantes. Brigar com nossos irmãos, eu dizia ao meu pai, também faz parte de uma vida plena!

Logo Fazlullah juntou forças com o Tehrik-i-Taliban-Pakistan (TTP), o Talibã do Paquistão, e anunciou que as mulheres estavam banidas dos lugares públicos. Os homens deviam fazer cumprir essa ordem, ele dizia, e "manter controle completo sobre a família, ou serão punidos".

Em seis meses as ruas ficaram estranhamente vazias de mulheres, porque elas tinham medo até de sair para fazer compras. As lojas de DVDs que vendiam filmes de Bollywood e infantis fecharam as portas. Fazlullah afirmava que assistir a filmes e programas de TV era pecado, porque significava que mulheres olhariam para homens que lhes eram proibidos e homens olhariam para mulheres que lhes eram proibidas.

Sob a ameaça de seus seguidores, as pessoas ficaram aterrorizadas. Algumas levavam TVS, DVDS e CDS para praça pública, onde os homens da Mulá FM ateavam fogo em tudo. Espalhavam-se histórias de que esses homens patrulhavam as ruas com caminhonetes, dando ordens em megafones. Depois começamos a ouvir que seus seguidores ficavam à porta da casa das pessoas; se ouvissem uma TV, entravam e destruíam o aparelho.

Depois da escola, meus irmãos e eu nos encolhíamos na frente da nossa amada TV, com o volume bem baixinho. Adorávamos nossos programas e não entendíamos por que lutadores com nomes engraçados e um menininho com um lápis mágico poderiam ser tão ruins, mas toda vez que alguém batia à nossa porta, pulávamos de susto. Quando nosso pai chegou em casa certa noite, perguntei:

— *Aba*, nós também vamos ter que queimar nossa TV?

Acabamos colocando o aparelho em um armário. Pelo menos se estranhos viessem à nossa porta não poderiam vê-la.

Como aquilo tinha acontecido? Como um fanático ignorante se transformou em um tipo de deus do rádio? E por que ninguém estava preparado para desafiá-lo?

Enquanto isso, a Escola Khushal seguia como de costume. Mais algumas de nossas colegas saíram, mas o restante de nós gostava da escola ainda mais. Nossa turma teve até uma discussão: ainda que o governo não se comportasse como deveria, não poderíamos conduzir nossa turma um pouco mais democraticamente? Tivemos uma ideia: já que a maioria das meninas estudiosas sempre sentava na frente, trocaríamos os lugares toda semana. Se você sentasse na primeira fila uma semana, teria que sentar na última na semana seguinte. Era um pouco como um jogo, mas era nosso jeito de dizer que todas as meninas — e todas as pessoas — eram iguais.

Do lado de fora dos muros da nossa escola, no entanto, Mingora tinha se tornado uma prisão.

Cartazes em que se lia PROIBIDO MULHERES foram pendurados na entrada do mercado. Todas as lojas de música e de eletrônicos foram fechadas. Fazlullah até proibiu uma antiga brincadeira de criança chamada *Carrom*, em que jogávamos discos em uma placa de madeira.

Ele começou a anunciar nomes de meninas em seu programa de rádio.

— A srta. Fulana de Tal parou de ir à escola e vai para o céu — dizia. Ou: — A srta. Fulana de Tal largou a escola, e parabenizo seus pais.

Mamãe agora insistia que eu não fosse para a escola desacompanhada, pois tinha medo de que alguém do Talibã me visse sozinha com o uniforme.

A cada dia eu percebia que mais colegas deixavam de ir à escola. E todas as noites em seu programa de rádio Fazlullah continuava com os ataques, dizendo que garotas que iam à escola não eram boas muçulmanas — que iríamos para o inferno.

Certo dia um dos professores foi até meu pai e disse que não daria mais aulas para meninas. Outro disse que estava saindo da escola para ajudar Fazlullah a construir um centro religioso. Foi um dia de trevas. A Escola Khushal, que sempre fora refúgio, caiu sob a sombra da Mulá FM.

Fazlullah criou um tribunal público para fazer valer seus decretos, e seus homens agora puniam e matavam policiais, oficiais do governo e outros homens e mulheres que lhe desobedeciam. Centenas de pessoas se reuniam para assistir às punições, gritando "Allahu Akbar!" — Deus é Grande — a cada chicotada. Às vezes, as pessoas diziam, Fazlullah aparecia galopando em seu cavalo preto.

Muito da "justiça" de Fazlullah era feita na calada da noite. Mais tarde, em seu reino de terror, "infratores" eram arrastados de suas casas e mortos; seus corpos eram exibidos na praça Verde na manhã seguinte. Muitas vezes um bilhete estava preso ao corpo: *É isso que acontece com espiões e infiéis.*

Ou: *Não toque neste corpo até as onze da manhã ou você será o próximo.* Logo as pessoas inventaram um novo nome para a praça Verde: praça Sangrenta.

Eu estremecia ao ouvir essas histórias. O que minha cidade estava se tornando? O que seria de nós?

Deus, eu dizia quando ia para a cama, *sei que você está ocupado com muitas, muitas coisas pelo mundo, mas não vê o que acontece aqui no Swat?*

Uma noite ouvi meus pais sussurrando.

— Você tem que ir — minha mãe disse. — Medo não é solução.

— Não vou sem sua bênção — meu pai respondeu.

— Deus vai proteger você — ela disse. — Porque você está falando a verdade.

Saí de onde estava escondida e perguntei o que estava acontecendo. Meu pai disse que iria a uma reunião naquela noite para se manifestar contra o Talibã. Depois disso viajaria para Islamabad para fazer uma crítica ao governo por não proteger seus cidadãos. Meu pai, um simples diretor de escola, estava enfrentando as duas forças mais poderosas e perigosas do país. E minha mãe o apoiava.

A maioria das mulheres pachtum choraria, imploraria e se agarraria à manga da camisa do marido. E a maioria dos homens pachtum ignoraria a esposa. Poucos a teriam consultado. Mas meus pais não eram como os outros pais. Meu pai era como um falcão, ousando voar onde nenhum outro voaria. E minha mãe era quem tinha os pés firmemente plantados no chão.

De minha parte, assumi a responsabilidade de trancar a

casa todas as noites enquanto meu pai estava fora. Andava pela casa uma, duas, até três vezes, me certificando de que todas as portas e janelas estavam trancadas. Às vezes papai chegava em casa bem tarde. Outras, nem chegava. Começou a dormir na casa de amigos de vez em quando, caso estivesse sendo seguido. Estava nos protegendo ficando longe, mas não podia impedir que nos preocupássemos. Naquelas noites, ouvia mamãe rezando até altas horas.

Um dia, fui para Shangla com minha mãe e meus irmãos; não tínhamos carro, então um dos nossos primos nos levou. Quando o trânsito ficou muito lento, ele colocou uma fita cassete no som para passar o tempo. De repente, tirou a fita. Começou a juntar as outras que tinha no porta-luvas.

— Rápido — disse à minha mãe. — Esconda na sua bolsa.

Dois homens se aproximaram do carro. Usavam turbantes pretos e coletes camuflados sobre o *shalwar kamiz*. Tinham barba e cabelos longos e empunhavam armas automáticas Kalashnikov. Estávamos frente a frente com o Talibã.

Aqueles homens estavam revistando carros, procurando qualquer coisa que alegavam ser proibida pelo Islã. Nenhum de nós disse uma só palavra, mas vi as mãos de minha mãe tremerem segurando a bolsa, onde os itens *haram* estavam escondidos. Ela puxou o véu, deixando-o mais apertado no rosto, e baixou o olhar para as próprias pernas.

Um dos homens olhou pela janela de trás. Seus olhos perfuraram os meus.

— Irmãs — ele disse a nós duas —, vocês deviam usar burcas. Estão agindo de forma vergonhosa.

Ali estava um *talib* com uma metralhadora a poucos centímetros do meu rosto. Por que eu estava agindo de forma vergonhosa?, queria perguntar a ele. Eu era uma criança, uma menina de dez anos. Uma menininha que gostava de brincar de esconde-esconde e estudar ciências. Estava com raiva, mas sabia que tentar conversar com ele não traria nada de bom. Sabia que deveria estar com medo, mas só sentia frustração.

Quando voltamos da visita a Shangla, encontramos uma carta para meu pai presa ao portão da escola: "A escola que o senhor dirige é de linha ocidental e infiel. O senhor educa garotas, e elas usam uniformes não islâmicos. Pare com isso, senão terá problemas, e seus filhos haverão de chorar e se lamentar por você".
Estava assinada por "Fedayin Islã" — devotos do Islã.
O Talibã tinha ameaçado meu pai. Agora eu estava com medo.

8. Ninguém está seguro

Meu pai respondeu ao Talibã no dia seguinte com uma carta no jornal: "Por favor, não machuquem minhas crianças porque o Deus em que vocês creem é o mesmo para o qual elas rezam todos os dias. Tirem a minha vida, mas, por favor, não matem meus alunos".

A carta do meu pai apareceu no jornal — com seu nome completo e o endereço da escola, apesar de ele só ter escrito seu nome.

Nosso telefone começou a tocar naquela noite. Amigos ligavam para agradecer a meu pai por ter se manifestado.

— Você lançou a primeira pedra na água — um deles disse —, agora muitos terão coragem de se manifestar.

Mas poucos o fizeram.

Meu pai sempre foi um homem ocupado. Participava de *mushaira*, recitais de poesia; ficava até tarde na escola; ajudava a resolver os desentendimentos dos vizinhos. Mas agora, toda vez que ele saía de casa, me sentia como a menina de três anos que fui um dia, quando meu pai descia as escadas da escola para consertar a cisterna. Me perguntava todas as noites se ele voltaria.

Depois daquela carta, meu pai tomou uma decisão: os meninos da Escola Khushal não usariam mais o uniforme de camisa e calça. Essas roupas, supostamente "ocidentais", os identificavam como infiéis aos olhos dos seguidores de Fazlullah. Então, para sua segurança, fez com que eles passassem a usar a túnica e a calça tradicionais do *shalwar kamiz*. Eu ainda usava meu *shalwar kamiz* branco e azul, mas o Talibã dizia que as meninas não deviam usar o *shalwar* branco. O uniforme que antes eu amava agora fazia com que eu me sentisse uma criminosa. De repente, o Talibã parecia brotar como erva daninha em todo lugar para onde eu olhasse.

Então pensei: *O que fiz de errado para sentir medo? Tudo o que quero fazer é ir à escola. E isso não é um crime. É meu direito.* Além do mais, eu era filha de Ziauddin Yousafzai, o homem que ousara responder ao Talibã. Manteria a cabeça erguida. Mesmo que meu coração estivesse apertado.

Naquele outono, em outubro de 2007, um acontecimento nos deu esperança: Benazir Bhutto, a primeira mulher a ser primeira-ministra do Paquistão, ia concorrer de novo. Ela vivia em exílio no Reino Unido desde que eu tinha dois anos, mas eu ouvia falar dela fazia muito tempo. Benazir Bhutto era um modelo para meninas como eu. E era a única política que tinha coragem de discursar contra os terroristas. Nossa família inteira estava colada à TV quando sua chegada foi transmitida. Vimos quando ela chorou ao pisar em solo paquistanês pela primeira vez em quase nove anos. Minha mãe ficou comovida, mas também temeu por ela, e disse para a TV:

— Você veio para a morte?

Todos sabíamos que voltar era perigoso para Benazir Bhutto, mas torcíamos para que estivesse em segurança.

Pouco tempo depois disso, uns dois meses mais tarde, ela foi morta. Aconteceu bem diante dos meus olhos, na TV.

— Derrotaremos as forças do extremismo e da militância com o poder das pessoas — ela declarou.

Então ficou de pé em seu veículo blindado para acenar para seus partidários pelo teto solar.

Houve estalos de tiros e barulho de explosão. Vi, sem ar, quando ela afundou dentro do carro. Minha mãe, meu pai e minha avó caíram no choro. Benazir Bhutto foi a primeira mulher atacada pelos terroristas. Apesar do medo que todos sentíamos por ela, não esperávamos que de fato atacassem uma mulher. Matar uma mulher é proibido pelo código Pachtunwali. Ficamos em choque.

Me senti estranhamente paralisada. Meu primeiro pensamento foi: *Se Benazir Bhutto pode morrer, ninguém está seguro.*

Ninguém estava seguro no Paquistão. Nem as mulheres, proibidas de andar na rua em suas próprias cidades. Nem os homens, açoitados até a morte por razões mesquinhas. Nem as crianças, trabalhando no lixão. Nem mesmo as crianças como eu, que só queriam ir à escola.

Enquanto eu olhava para a TV, uma voz baixinha dentro do meu coração sussurrou: *Por que você não luta pelos direitos das mulheres? Por que não luta para fazer do Paquistão um lugar melhor?*

Recentemente eu havia dado entrevista para os canais de TV Dawn e Khyber sobre a educação de meninas, e embora tenha ficado nervosa conseguira falar. E tinha gostado daquilo.

Enquanto todos ao meu redor choravam, mantive meu segredo. Disse a mim mesma: *Continuarei a jornada da luta pela paz e pela democracia em meu país.*

Eu só tinha dez anos, mas sabia que, de alguma forma, encontraria um jeito.

9. Doces caindo do céu

Um dia, no outono de 2007, estávamos na aula quando ouvimos um barulho assustador. Todos — alunos e professores — correram para o pátio e olharam para cima. Um enxame de helicópteros pretos do Exército escureceu o céu sobre nossas cabeças. Chicoteavam o vento ao nosso redor e levantavam uma tempestade de pó e areia. Colocamos as mãos em concha sobre as orelhas e tentamos gritar umas para as outras, mas nossas vozes sumiam em meio ao barulho dos helicópteros.

Então houve um estrondo, como se alguma coisa tivesse aterrissado aos nossos pés. *Plunc! Plunc! Plunc!* Gritamos — e depois aplaudimos. Doces! Os soldados estavam jogando doces para nós. Caímos na gargalhada enquanto corríamos para pegá-los.

Ficamos tão felizes que demoramos um pouco para entender o que estava acontecendo. O Exército tinha vindo salvar o Swat de Fazlullah! Gritamos, batemos palmas e pulamos. Doces estavam caindo do céu! E a paz estava chegando ao Swat!

Logo os soldados estavam em todos os lugares. Helicópteros estacionavam até mesmo no campo de golfe de Mingora. Era estranho ver o Exército no Swat. Rezávamos para que alguém enfrentasse Fazlullah e seus homens com turbantes pretos e rifles Kalashnikov. Mas agora nossa cidade estava cheia de homens vestindo uniformes verdes e empunhando rifles Kalashnikov.

Praticamente da noite para o dia os homens de Fazlullah desapareceram, como neve derretendo no chão. Mas, embora não os víssemos mais, sabíamos que não tinham ido muito longe; estavam a apenas alguns quilômetros dali, e Mingora continuava sendo uma cidade tensa e amedrontada. Todos os dias depois da aula meus irmãos e eu corríamos para casa e trancávamos as portas. Não jogávamos mais críquete. Não brincávamos mais de esconde-esconde na rua. Nunca mais caiu doce do céu.

Certa noite, ouvimos um anúncio que vinha do alto-falante da mesquita. O Exército impôs um "toque de recolher". Não conhecíamos essa expressão, então bati no muro que dava para a casa de Safina para que alguém viesse até o buraco e explicasse. Logo Safina, sua mãe e seu irmão vieram à nossa casa e nos disseram que significava que tínhamos que ficar dentro de casa durante algumas horas do dia e todas as noites. Meus irmãos e eu ficamos com tanto medo que nem saíamos do quarto. Ficávamos dentro de casa e espiávamos pela cortina a rua vazia.

Naquela noite um raio de luz branca brilhante atravessou o céu, iluminando a sala por um instante, como o flash de uma câmera. *Bum!* Uma pancada fez o chão tremer. Pulei da cama e corri até meus pais. Khushal e Atal se juntaram a nós. Ficamos todos abraçados, tremendo. As louças batiam, os móveis rangiam e as janelas chacoalhavam. Então, em minutos, ouvimos tiros do Exército nos arredores da cidade. A cada explosão e a cada disparo, nos agarrávamos mais uns aos outros, até que caímos no sono.

Na manhã seguinte, acordamos como se estivéssemos saindo de um sonho longo e instável. Depois de uma noite de bombardeios, o ar parecia estranhamente calmo. Ousamos ter esperança. Era possível o Exército ter derrotado o Talibã? Espiamos pelo portão e vimos grupos de vizinhos fofocando. Meu pai saiu para descobrir o que tinha acontecido. Voltou franzindo a testa. O boato nas ruas era de que o Talibã ia assumir o controle do Swat. A operação militar tinha sido ineficaz. Nossos corações pararam.

O Exército enviou mais 10 mil homens, e o combate se

alastrou, noite após noite, durante um ano e meio. Eu sempre era a primeira a correr até nossos pais, e meus irmãos logo chegavam. Como a cama agora estava muito cheia, eu tinha que dormir em uma pilha de cobertores no chão. (Mesmo em meio a uma guerra eu conseguia ficar irritada com aqueles dois por roubar meu lugar!) Por mais estranho que pareça, nós nos acostumamos aos bombardeios. Às vezes Atal dormia direto. E Khushal e eu descobrimos uma maneira de saber onde era o combate. Se fosse perto, a eletricidade era cortada. Se fosse longe, não era.

Havia três tipos de ataques, e aprendemos a identificá-los. Os bombardeios por terra eram feitos só pelo Talibã, às vezes por controle remoto, às vezes usando homens-bomba. Os bombardeios do Exército eram feitos por helicópteros e canhões disparados das montanhas. O terceiro tipo, com metralhadoras, era usado por ambos.

Eu ficava com medo à noite, principalmente durante as explosões de bombas. Na minha cama no chão do quarto dos meus pais, recitava um verso especial do Sagrado Corão, o *Ayat al Kursi*. Basta recitá-lo três vezes para livrar a casa de demônios e de qualquer tipo de perigo. Recitando cinco vezes, toda a vizinhança estará a salvo. Recitando sete vezes, a cidade inteira. Eu recitava sete, oito, nove vezes, tantas que perdia a conta. Então falava com Deus. *Nos abençoe e nos proteja. Abençoe nosso pai e nossa família.* Então me corrigia. *Não. Abençoe nossa rua. Não, nossa vizinhança. Abençoe todo o Swat.* Então dizia: *Não, abençoe todo o Paquistão. Não, não só o Paquistão. Abençoe o mundo inteiro.*

Eu tentava tampar as orelhas e imaginar minhas orações flutuando até Deus. De alguma forma, toda manhã acordávamos sãos e salvos. Eu não sabia o destino das outras pessoas por quem tinha rezado, mas desejava paz para todos. Especialmente para o Swat.

Um dia minha oração foi respondida. O Exército não venceu, mas pelo menos obrigou o Talibã a ir embora ou se esconder.

10. Como era viver com o terrorismo

De alguma forma a vida continuou apesar dos bombardeios e das mortes. A escola ainda era um refúgio da loucura de se viver em uma cidade em guerra. Entre os bombardeios e o toque de recolher (que podiam ser anunciados a qualquer hora do dia), nem sempre era possível ir à aula. Às vezes helicópteros barulhentos voando sobre a escola impediam que conseguíssemos ouvir alguma coisa, e então nos mandavam para casa. Mas quando a escola abria as portas eu estava lá, pronta para passar um tempo com minhas amigas e aprender com os professores.

Minhas amigas e eu agora estávamos no ensino fundamental II, e nossa competição amigável ficou ainda mais acirrada. Não queríamos só ter boas notas; queríamos ter as melhores.

Não era só por querer ser a melhor — apesar de todas gostarmos de estar no topo. Era porque, quando nossos professores, como a srta. Ulfat no fundamental I, diziam "Excelente!" ou "Muito bem!", nosso coração alçava voo. Porque, quando um professor elogia, pensamos: *Eu sou alguma coisa!*. Em uma sociedade onde as pessoas acreditam que as meninas são frágeis e incapazes de qualquer coisa que não seja cozinhar e limpar, pensamos: *Eu tenho um talento!*. Quando um professor diz que todos os grandes líderes e cientistas um dia foram crianças também, pensamos: *Talvez possamos ser grandes amanhã*. Em um país onde tantas pessoas consideram um desperdício mandar as meninas para a escola, é o professor que nos ajuda a acreditar em nossos sonhos.

E eu tinha descoberto uma ótima professora nova na escola, a sra. Maryam. Ela era inteligente e independente — tudo o que eu queria ser. Havia feito faculdade, tinha um emprego e ganhava seu próprio salário.

Agora que estávamos no ensino fundamental II, as disciplinas eram mais difíceis. Tínhamos álgebra, química e, minha favorita, física. Embora nossos professores só tivessem quadro-negro e giz, éramos livres para ir até onde nossa curiosidade nos levasse. Na aula de química, era comum uma aluna interromper para fazer alguma pergunta:

— Se tudo é feito de átomos, de que os átomos são feitos?

Logo outra menina trazia outra dúvida:

— Se os elétrons estão sempre em movimento, por que a cadeira onde estou sentada não se mexe?

O professor deixava a aula planejada de lado e todas fazíamos as perguntas que queríamos.

Mas naqueles dias conversávamos principalmente sobre o Exército e o Talibã. Todas as pessoas do Swat estavam encurraladas entre os dois. Uma amiga gostava de me irritar dizendo:

— O Talibã é bom, o Exército não.

E eu sempre respondia:

— Não existe "bom" quando estamos encurralados entre militares e militantes.

A volta da escola agora era tensa e assustadora, e eu só queria relaxar quando estava segura dentro de casa. Um dia cheguei antes que meus irmãos — feliz por não ter que brigar com Khushal pelo controle remoto daquela vez — e sentei para assistir ao meu programa de TV preferido, *Shararat*, que significa "fazer travessuras". Era só uma comédia de Bollywood, mas eu amava.

Liguei a TV — e estava fora do ar. Troquei de canal, também fora do ar. Tentei todos os canais. Todos fora do ar. No começo, pensei que fosse só uma queda de sinal irritante; acontecia sempre. Mas naquela noite descobrimos que os homens de Fazlullah haviam tirado do ar todos os canais a cabo. Diziam que a TV era *haram*; mostrava o mundo ocidentalizado, onde as mulheres tinham casos amorosos e não cobriam o cabelo. Sem mais nada para ver além do canal oficial do governo, fomos todos excluídos do mundo exterior.

Enquanto isso, Fazlullah continuava transmitindo seus sermões. *As meninas devem ficar em casa*, ele pregava. Fazíamos o possível para ignorá-lo, até o dia em que cheguei em casa e encontrei meu pai cabisbaixo.

— Ah, *jani* — ele disse. — O mundo ficou louco. Fazlullah e seus homens explodiram a escola de meninas em Matta.

Meu coração parou. A escola que Fazlullah destruíra era de ensino fundamental I, não era nem para adolescentes. Ele a bombardeou à noite, quando estava vazia, mas como esse homem era cruel, lançando bombas contra um lugar onde criancinhas só queriam aprender a ler, escrever e somar. Por quê?, eu me perguntava. Por que uma escola era uma ameaça tão grande contra o Talibã?

Fiz uma oração em voz baixa pelas crianças que tinham perdido sua escola e outra pela proteção da Escola Khushal. *Por favor, Deus, nos ajude a proteger nosso vale e a parar essa violência.*

Todos os dias os homens de Fazlullah atingiam um novo alvo. Lojas, estradas, pontes. E escolas. A maioria dos ataques era fora de Mingora, mas logo chegaram mais perto. E mais perto. Um dia eu estava na cozinha lavando a louça — apesar de meus esforços para evitar isso — e uma bomba explodiu tão perto que a casa inteira sacudiu e o ventilador que ficava em cima da janela caiu. Antes que eu pudesse reagir, a energia foi cortada. Aprendi que era assim que acontecia — bomba e escuridão. O Talibã nos bombardeava e depois a luz acabava por pelo menos uma hora.

Alguns dias depois, o Talibã atacou de novo. Um funeral

para uma das vítimas do último ataque estava acontecendo em um prédio próximo. Enquanto as pessoas se reuniam para prestar homenagem, um homem-bomba explodiu. Mais de 55 pessoas foram mortas, entre elas um parente de Moniba.

Cresci ouvindo a palavra *terrorismo*, mas nunca entendi de verdade o que significava. Até aquele momento. Terrorismo é diferente de guerra, quando soldados se enfrentam em batalha. Terrorismo é medo por toda parte. É deitar para dormir à noite e não saber que horrores o dia seguinte vai trazer. É abraçar sua família no cômodo mais central da casa porque todos decidiram que é o lugar mais seguro. É andar pelas ruas sem saber em quem se pode confiar. Terrorismo é ter medo de que, quando seu pai sair pela porta de manhã, não voltará à noite.

Agora o inimigo estava em todos os lugares e os ataques vinham do nada. Um dia uma loja era destruída. No dia seguinte, uma casa. Os boatos corriam. O dono da loja tinha contrariado Fazlullah e ajudado o Exército. O homem cuja casa fora alvo era ativista político. Uma ponte era explodida num dia, uma escola no próximo. Nenhum lugar era seguro. Ninguém estava a salvo.

Nossa família tentou seguir como sempre, mas estávamos tensos o tempo todo. Os bombardeios se tornaram uma parte tão comum do dia a dia que cumpríamos uma rotina sempre que ouvíamos uma explosão. Chamávamos uns aos outros para nos certificar de que todos estavam bem.

— *Khaista, pisho, bhabi,* Khushal, Atal! — gritávamos. Então prestávamos atenção nas sirenes. Depois rezávamos.

Esse terror aleatório fez com que desenvolvêssemos hábitos estranhos. Papai começou a fazer um caminho diferente todos os dias para o caso de alguém o estar vigiando. Mamãe evitava o mercado, e meus irmãos ficavam dentro de casa mesmo nos dias mais ensolarados. E, como eu estava na cozinha nas duas vezes em que houve explosões perto de nossa casa, tentava ficar o mais longe possível daquele cômodo. Mas como é possível viver quando se tem medo de um cômodo dentro da própria casa? Como uma mãe pode comprar comida para a família se o mercado é uma zona de guerra? Como as crianças podem se reunir para jogar críquete se há o risco de um bombardeio a qualquer instante?

As noites eram piores. Quando a escuridão caía, nos assustávamos a cada barulho e pulávamos com qualquer sombra. Era à noite que os homens de Fazlullah realizavam a maior parte de seus ataques — principalmente a destruição de escolas. Então, toda manhã, antes de virar a esquina a caminho da Escola Khushal, eu fechava os olhos e fazia uma oração — com medo de abri-los e ver que a escola tinha sido reduzida a escombros da noite para o dia. Assim era viver com o terrorismo.

Só em 2008, o Talibã bombardeou duzentas escolas. Homens-bomba e assassinatos aconteciam com frequência. Lojas de música eram fechadas, filhas e irmãs eram impedidas de ir à escola; durante o mês do Ramadã, ficamos sem energia e sem gás em Mingora porque os homens de Fazlullah tinham explodido a rede elétrica e de gás.

Uma noite, quando aconteceu um bombardeio bem perto da nossa casa, corri para meu pai.

— Você está com medo? — perguntei.

— À noite nosso medo é grande, *jani* — ele disse. — Mas de manhã, à luz do dia, encontramos nossa coragem novamente.

Ainda bebê.

Na infância, toda estilosa.

Com meu irmão Khushal, em Mingora.

Lendo com Khushal.

Eu, meu avô paterno e Khushal em nossa casa em Mingora.

Com Khushal numa cachoeira em Shangla.

Neve em Mingora.

Festa de aniversário do meu irmão Atal em nossa casa em Mingora.

Jogando badminton com meus irmãos.

O belo vale do Swat.

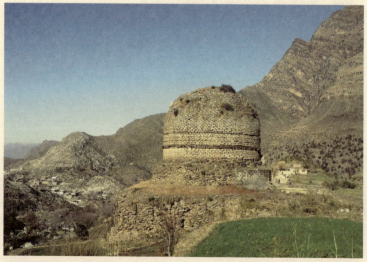
Uma das estupas do Swat. Uma estupa é uma estrutura que, segundo certas crenças, abriga relíquias ligadas a Buda.

No começo, as pessoas deram muito dinheiro para o *maulana* Fazlullah.

O Talibã açoitava publicamente as pessoas.

As melhores alunas recebendo prêmios.

Atuando numa peça na escola.

Com meus troféus da escola.

Quadro que pintei aos doze anos, quando voltamos ao Swat depois de vivermos como PDIS (pessoas deslocadas internamente). Mostra o sonho da harmonia entre as religiões.

Eu era eleita líder da turma quase todo ano.

Alunas no pátio durante uma feira de ciências na Escola Khushal.

PARTE III
Encontrando minha voz

11. Uma chance de falar

De dia ou de noite, a coragem de meu pai nunca parecia fraquejar, apesar de ele receber cartas com ameaças e avisos de amigos preocupados. Como os bombardeios contra escolas continuavam, meu pai se manifestava contra, chegando inclusive a ir a um dos locais enquanto ainda estava em chamas. Ele viajava entre Islamabad e Peshawar, dialogando com o governo para conseguir ajuda e se manifestando contra o Talibã.

Eu via que mamãe ficava preocupada. Ela nos abraçava e rezava por nós antes de sairmos para a escola e assim que chegávamos em casa. E ficava acordada até tarde da noite com o telefone na mão — tentando não ligar para meu pai a toda hora.

Ela conversava conosco sobre o que faríamos caso o Talibã viesse. Pensava em dormir com uma faca embaixo do travesseiro. Eu dizia que podia ir escondida para o banheiro e chamar a polícia. Pensava no lápis mágico que costumava pedir em oração. Agora seria o melhor momento para minha oração finalmente ser atendida.

Na escola minhas amigas e eu nos perguntávamos o que poderíamos fazer. Então a sra. Maryam e meu pai trabalhavam conosco em dissertações e discursos em que expressávamos nossos sentimentos sobre a campanha do Talibã para destruir escolas para meninas e o que nossa escola significava para nós. Planejamos uma assembleia em que apresentaríamos nossos discursos; chamamos de comício pela paz, mas seria só um punhado de meninas do ensino fundamental II.

No dia da assembleia, uma equipe da Pashto TV foi à nossa escola. Ficamos animadas e surpresas — achávamos que ninguém ligava para o que um grupo de meninas tinha a dizer sobre a paz. Algumas ficaram nervosas, mas eu já tinha dado entrevistas e ficava um pouco mais confortável na frente das câmeras, embora, verdade seja dita, também estivesse um pouco tensa.

Éramos uma democracia na Escola Khushal, então todas as meninas teriam a oportunidade de falar. As mais velhas foram primeiro. Falaram sobre nossas amigas que haviam desistido da escola por medo. Falaram sobre o quanto amávamos aprender.

Então chegou a vez de Moniba. Moniba, nossa campeã em falar em público, foi até a frente e discursou como uma poeta.

— Nós, pachtuns, somos um povo que ama a religião. Por causa do Talibã, o mundo inteiro está dizendo que somos terroristas. Não é verdade. Amamos a paz. Nossas montanhas, nossas árvores, nossas flores... tudo em nosso vale lembra a paz.

Depois de Moniba falar, chegou minha vez. Minha boca estava seca como pó. Eu estava nervosa, como sempre ficava antes de entrevistas, mas sabia que aquela era uma oportunidade importante para espalhar nossa mensagem de paz e educação. Assim que colocaram um microfone na minha frente, as palavras saíram — firmes e certeiras, fortes e orgulhosas.

— Não estamos na Idade da Pedra — comecei —, mas parece que estamos andando para trás. Os direitos das meninas estão sendo negados.

Falei que amava a escola. Que era importante continuar aprendendo.

— Não temos medo de ninguém, e vamos seguir com nossa educação. Esse é nosso sonho.

Soube naquele instante que não era eu, Malala, falando; minha voz era a voz de tantos outros que queriam falar mas não podiam.

Os microfones me faziam sentir como se estivesse falando

para o mundo inteiro. Eu só falara para canais de TV e jornais locais, mas, mesmo assim, sentia que o vento carregaria minhas palavras, como espalha o pólen das flores na primavera, semeando toda a terra.

E desenvolvi um hábito engraçado: às vezes me pegava discursando na frente do espelho.

Nossa casa estava sempre lotada de parentes de Shangla que vinham para Mingora quando precisavam ir ao médico ou fazer compras. A cozinha ficava cheia de tias fofocando. O quarto de hóspedes, cheio de tios discutindo. E a casa ficava repleta de crianças brincando. E chorando. E discutindo. Com todo esse caos, eu fugia para o banheiro e me olhava no espelho. No entanto, não me via. Via centenas de pessoas me ouvindo.

A voz da minha mãe me tirava do devaneio.

— *Pisho* — ela dizia —, o que está fazendo aí? Nossos hóspedes precisam usar o banheiro.

Eu me sentia boba às vezes, quando percebia que estava discursando para um espelho no banheiro.

— Malala — dizia a mim mesma —, o que você está fazendo?

Talvez, pensava, ainda fosse aquela criança que lecionava para uma sala vazia.

Mas talvez fosse mais que isso. Talvez aquela menina no espelho, a menina que imaginava falar para o mundo, fosse a Malala que eu viria a me tornar. Então, no ano de 2008, enquanto nosso Swat era atacado, não me calei. Falei a canais de TV, rádios e jornais locais e nacionais. Falei a qualquer um que quisesse ouvir.

12. O diário de uma estudante

— A partir do dia 15 de janeiro, nenhuma menina, grande ou pequena, deverá ir à escola. Do contrário, sabem o que podemos fazer. E os pais e diretores das escolas serão responsabilizados.

Essa foi a notícia que chegou pela Mulá FM no final de dezembro de 2008. No início, achei que era só mais um de seus pronunciamentos malucos. Estávamos no século XXI! Como um homem poderia impedir que mais de 50 mil meninas fossem à escola?

Sou uma pessoa esperançosa — minhas amigas talvez dissessem que sou esperançosa demais, ou um pouco louca. Mas simplesmente não acreditava que aquele homem pudesse nos impedir de ir à escola. Era nosso direito.

Debatemos o decreto em sala.

— Quem vai pará-lo? — as outras meninas disseram. — O Talibã já explodiu centenas de escolas e ninguém fez nada.

— Nós vamos — respondi. — Chamaremos nosso governo para vir acabar com essa loucura.

— O governo? — uma menina perguntou. — O governo não conseguiu nem fechar a rádio do Fazlullah!

O debate continuou. Não desisti. Mas meu argumento parecia um pouco raso.

Uma a uma, as meninas pararam de frequentar a escola. Seus pais proibiram. Seus irmãos proibiram.

Em poucos dias, nossa sala passou de 27 para dez meninas.

Eu estava triste e frustrada — mas compreendia. Em nossa

cultura, as meninas não desafiam os homens da família. E eu sabia que os pais, irmãos e tios que obrigavam minhas amigas a ficar em casa estavam agindo assim por se preocupar com sua segurança. Era difícil não me sentir um pouco deprimida de vez em quando, não sentir que as famílias que seguravam as meninas em casa estavam simplesmente se rendendo a Fazlullah. Mas, sempre que me pegava cedendo a um sentimento de derrota, tinha uma de minhas conversas com Deus. *Nos ajude a aproveitar os dias de escola que ainda temos, Deus, e nos dê coragem para continuar lutando.*

As aulas iam terminar na primeira semana de janeiro, quando começariam as férias de inverno, mas meu pai decidiu adiá-las. Teríamos aula até 14 de janeiro. Dessa forma, aproveitaríamos cada minuto que nos restava. E as dez meninas que ainda frequentavam as aulas ficavam conversando no pátio todos os dias depois da escola para o caso de ser nossa última chance de ficar juntas.

À noite, em casa, eu me perguntava o que faria da vida se não pudesse ir à escola. Uma das meninas tinha se casado antes do decreto de Fazlullah. Ela tinha doze anos. Eu sabia que meus pais não fariam isso comigo, mas me perguntava: o que *eu* faria? Passaria o resto da vida dentro de casa, para não ser vista, sem TV para assistir ou livros para ler? Como terminaria meus estudos e me tornaria médica, que era meu maior sonho na época? Brincava com minhas bonecas e pensava: *O Talibã quer transformar as meninas do Paquistão em bonecas idênticas e sem vida.*

Enquanto as meninas aproveitavam os dias até 15 de janeiro, Fazlullah atacava e atacava. O ano anterior havia sido difícil, mas os dias de janeiro de 2009 estão entre os mais sombrios de nossas vidas. Todas as manhãs, alguém chegava à escola com uma história sobre mais um assassinato, às vezes dois ou três por noite. Os homens de Fazlullah mataram uma mulher em Mingora porque disseram que ela estava "fazendo *fahashi*", sendo indecente, porque era dançarina. E mataram um homem no vale porque ele se recusou a usar calças mais curtas, como o Talibã usava. E, agora, seríamos proibidas de ir à escola.

Uma tarde, ouvi meu pai ao telefone:

— Todos os professores recusaram — disse. — Estão com muito medo. Mas vou ver o que posso fazer.

Ele desligou e saiu de casa apressado.

Um amigo que trabalhava na BBC, a poderosa rede britânica de comunicação, pediu a ele que encontrasse alguém na escola para escrever um diário sobre a vida sob o domínio do Talibã para seu site urdu — um professor ou uma aluna mais velha. Todos os professores disseram não, mas a irmã mais nova de Maryam, Ayesha, uma das meninas mais velhas, concordou.

No dia seguinte, recebemos uma visita: o pai de Ayesha. Ele não permitiria que a filha contasse sua história.

— É muito arriscado — disse.

Meu pai não discutiu. Ele queria argumentar que o Talibã era cruel, mas não machucaria uma criança. Mas respeitou a decisão do pai de Ayesha e se preparou para ligar para a BBC e dar a má notícia.

Eu só tinha onze anos, mas disse:

— Por que não eu?

Sabia que ele queria uma menina mais velha, não uma criança.

Olhei para o rosto esperançoso — e nervoso — de meu pai. Ele tinha sido tão corajoso ao se manifestar. Uma coisa era falar com a mídia local e nacional, mas esse diário poderia ser lido por pessoas fora do Paquistão. Afinal, era a BBC. Meu pai sempre me apoiava. Eu poderia apoiá-lo? Sabia sem nem pensar que sim. Faria qualquer coisa para poder continuar indo à escola. Mas primeiro perguntamos à minha mãe.

Se ela ficasse com medo, eu não faria. Porque, se não tivesse seu apoio, seria como falar com metade do meu coração.

Mas minha mãe concordou. Recitou um verso do Sagrado Corão em resposta:

— A mentira tem que morrer, e a verdade tem que prevalecer.

Deus me protegeria, ela disse, porque minha missão era boa.

Muitas pessoas no Swat viam perigo em toda parte. Mas nossa família não encarava a vida assim. Nós víamos possibilidade. E sentíamos a responsabilidade de defender nossa nação. Meu pai e eu éramos sonhadores.

— As coisas têm que melhorar — sempre dizíamos.

Minha mãe era nossa rocha. Enquanto nossa cabeça estava no céu, os pés dela estavam no chão. Mas todos acreditávamos e tínhamos esperança.

— Se manifestar é a única maneira de fazer as coisas melhorarem — ela disse.

Eu nunca tinha escrito um diário e não sabia como começar, então o correspondente da BBC disse que me ajudaria. Ele tinha que ligar no telefone da minha mãe porque, embora tivéssemos computador, havia cortes de energia frequentes e poucos lugares em Mingora com acesso à internet. Na primeira vez ele que ligou, disse que estava usando o telefone da esposa porque o dele havia sido grampeado pelos serviços de inteligência.

Sugeriu que eu usasse um nome falso para que o Talibã não tivesse como saber quem estava escrevendo o diário. Eu não queria mudar meu nome, mas ele estava preocupado com a minha segurança. Foi por isso que escolheu um pseudônimo para mim: Gul Makai, que significa "centáurea-azul" e é o nome de uma heroína do folclore pachtum.

O primeiro registro do meu diário foi publicado em 3 de janeiro de 2009, mais ou menos duas semanas antes do prazo de Fazlullah. O título era "Estou com medo". Escrevi sobre como era difícil estudar ou dormir à noite com os sons constantes de combates nas montanhas fora da cidade. E descrevi como ia à escola todas as manhãs: muito atenta, com medo de que algum *talib* estivesse me seguindo.

Eu escrevia na privacidade do meu quarto, usando uma identidade secreta, mas, graças à internet, a história sobre o que acontecia no Swat estava disponível para o mundo inteiro ver. Foi como se Deus tivesse finalmente atendido ao meu desejo do lápis mágico.

No texto seguinte, escrevi sobre como a escola era o centro da minha vida e como sentia orgulho de andar pelas ruas de Mingora de uniforme.

Por mais emocionante que fosse ser Gul Makai, era difícil não contar a ninguém — principalmente na escola. Todo mundo só falava sobre o diário da estudante paquistanesa famosa. Uma menina até imprimiu e mostrou ao meu pai.

— É muito bom — ele elogiou, com um sorriso.

Com a ameaça do fechamento da escola rapidamente se transformando em realidade, passei a gostar ainda mais de frequentar as aulas. Nos dias anteriores ao último, decidiram que usar uniforme era muito perigoso, então tínhamos que ir com roupas comuns. Decidi que não me acovardaria diante da ira de Fazlullah. Obedeceria à instrução sobre o uniforme, mas naquele dia escolhi meu *shalwar kamiz* rosa mais chamativo.

Assim que saí de casa, pensei por um segundo em voltar. Ouvíamos histórias sobre pessoas que jogavam ácido no rosto de meninas no Afeganistão. Não tinha acontecido aqui ainda, mas, com tudo o que estava de fato acontecendo, não parecia impossível. De algum jeito meus pés me levaram em frente, até a escola.

Que lugar peculiar Mingora tinha se tornado. Tiros de metralhadoras e canhões ao fundo. Quase ninguém nas ruas. (Quando víamos alguém, era impossível não pensar: *Essa pessoa pode ser um terrorista.*) E uma menina de *shalwar kamiz* rosa indo à escola.

***

O correspondente da BBC pediu mais notícias do Swat no próximo texto. Eu não sabia o que dizer. Ele pediu que eu escrevesse sobre os assassinatos. Para ele, parecia tão óbvio que esses acontecimentos fossem notícia. Mas, para mim, o que se vivencia todos os dias já não é mais novidade.

Era como se eu tivesse me tornado imune ao medo. Até o dia em que, voltando da escola, ouvi um homem atrás de mim dizer:

— Vou matar você.

Meu coração parou, mas meus pés deram um jeito de seguir em frente. Apressei o passo até me afastar dele. Corri para casa, fechei a porta e, depois de alguns segundos, espiei para fora. Lá estava ele, alheio a mim, gritando com alguém no telefone.

Ri um pouco de mim mesma.

— Malala — eu disse —, há motivos reais para sentir medo. Não precisa imaginar perigo onde não existe.

Minha preocupação real era ser descoberta. E, claro, Moniba foi a primeira a descobrir a identidade de Gul Makai.

— Li um diário no jornal — ela me disse um dia no intervalo —, e a história parece muito com a nossa, com o que acontece na nossa escola. Não é você, é?

Eu não podia mentir, não para Moniba. Mas quando confessei ela ficou mais irritada do que nunca.

— Como você pode dizer que é minha melhor amiga se esconde um segredo tão importante de mim?

Moniba me deu as costas e foi embora. Mas eu sabia que, por mais irritada que estivesse, não contaria meu segredo.

Quem fez isso foi meu pai. Sem querer, claro. Ele estava falando a um repórter como era difícil para as crianças simplesmente percorrer o caminho de ida e volta da escola. Sua própria filha, disse, achou que um homem que falava ao telefone tinha ameaçado matá-la. Quase todo mundo reconheceu a história por causa do diário e, em abril, meus dias como Gul Makai, a menina do diário secreto, chegariam ao fim.

Mas o diário tinha cumprido sua missão. Agora vários repórteres acompanhavam as tentativas de Fazlullah de fechar as escolas para meninas no Paquistão, incluindo um homem do *New York Times*.

13. Turma dispensada

Desde que comecei a dar entrevistas, as pessoas de Mingora às vezes vinham até mim para dizer que tinha me saído bem. Mas muitas amigas da minha mãe ficavam escandalizadas por eu mostrar o rosto na TV. Algumas até diziam que ela iria para o inferno por não ter me criado melhor. E, embora mamãe nunca me dissesse nada, eu sabia que ela preferia que eu tivesse usado um véu. Mas mesmo discordando da minha escolha — e apesar de receber críticas das amigas — ela me apoiava.

Enquanto isso, até algumas das minhas amigas perguntavam por que eu tinha deixado o mundo ver meu rosto.

— Os homens de Fazlullah usam máscaras — eu disse — porque são criminosos. Mas eu não tenho nada a esconder e não fiz nada de errado. Tenho orgulho de ser uma voz que se levanta pela educação das meninas. E orgulho de mostrar minha identidade.

Um louco estava prestes a tirar mais de 50 mil meninas da escola em uma questão de dias, e todos pareciam querer discutir se eu deveria ou não ter usado um véu! Com tudo aquilo acontecendo, meu irmão Khushal dizia que queria ser menina pra não ter que ir à escola. Às vezes eu me perguntava se o mundo tinha virado de cabeça para baixo.

Minha mãe e meu pai gostavam de assistir às minhas entrevistas, mas eu geralmente saía correndo da sala quando aparecia na TV. Sempre gostei de dar entrevistas porque sabia como era importante defender os direitos das meninas, mas nunca gostava de assisti-las. Não sei por quê. Tudo bem o mundo inteiro me ver — mas eu é que não queria!

Acho que preciso admitir que sou muito parecida com todas as pessoas que estavam tão preocupadas com a minha aparência. De repente percebi várias coisas que nunca tinham me incomodado antes. Minha pele era muito escura. Minhas sobrancelhas eram muito grossas. Um dos meus olhos era menor que o outro. E eu odiava as pintinhas que pontilhavam minhas bochechas.

Uns dois dias antes de a escola fechar oficialmente, meu pai foi a Peshawar encontrar dois jornalistas do *New York Times*, e eu fui com ele. Tinham convidado papai para perguntar se podiam acompanhá-lo no último dia de aula, mas no fim do encontro um deles virou para mim e disse:

— O que você faria se chegasse um dia em que não pudesse mais voltar para seu vale e sua escola?

Como eu era tão teimosa quanto esperançosa, respondi:
— Isso não vai acontecer.

Ele insistiu que poderia acontecer, e comecei a chorar. Acho que foi naquela hora que decidiram focar o documentário em mim também.

Na manhã do nosso último dia na escola, uma equipe de dois câmeras apareceu em nossa casa. Eu ainda estava dormindo quando eles chegaram. Disseram a meu pai que estavam lá para documentar meu dia — do início ao fim. Ele ficou surpreso; tinha concordado com câmeras na escola, não em casa. Ouvi quando tentou fazer o repórter desistir da ideia. No fim, ele concordou e a filmagem começou.

— Eles não podem me deter. Vou estudar seja em casa, na escola ou em qualquer lugar — eu disse para um dos documentaristas. — Este é nosso pedido para o mundo: salvem nossas escolas, salvem nosso Paquistão, salvem nosso Swat.

Eu parecia esperançosa, mas em meu coração estava preocupada. Enquanto papai me olhava, sorrindo desconfortável em uma mistura de orgulho e tristeza por sua filha, eu me imaginava presa em casa, lendo todos os livros que pudesse encontrar até ficar sem nenhum. Eu tinha onze anos. Minha educação ia mesmo acabar? Eu ia ser como aquelas meninas que deixam a escola para lavar e cozinhar? O que não sabia era que minhas palavras alcançariam muitas pessoas. Algumas em partes distantes do mundo. Algumas bem ali no Swat, em redutos do Talibã.

Mais tarde, enquanto minhas amigas e eu passávamos pelo portão da escola e a câmera registrava todos os nossos movimentos, eu me sentia como se estivéssemos indo para um enterro. Nossos sonhos estavam morrendo.

Dois terços das alunas ficaram em casa naquele dia, embora todas tenhamos jurado estar lá no último dia. Então uma das meninas entrou correndo pela porta. Seu pai e seus irmãos haviam proibido que ela fosse à escola, mas, assim que eles saíram, ela saiu escondida. Que mundo estranho era aquele em que uma menina que queria ir à escola tinha que desafiar militantes com metralhadoras — e a própria família.

Conforme o dia passava, os professores tentavam agir como se tudo estivesse normal. Alguns até deram lição de casa, como se fossem nos ver novamente depois das férias de inverno. Finalmente, o sinal tocou pela última vez, e a sra. Maryam anunciou que era o fim do semestre; mas, diferentemente dos outros anos, nenhuma data foi anunciada para o início do próximo. Minhas amigas e eu ficamos todas no pátio, abraçando umas às outras, muito tristes para ir embora.

Então todas tomamos uma decisão. Faríamos do nosso último dia o melhor. Ficaríamos até mais tarde, para que durasse o máximo possível. Então fomos até o prédio do fundamental I, onde todas começamos a estudar quando criança, e brincamos como quando éramos pequenas. *Mango, mango.* Amarelinha. *Parpartuni.* Fizemos brincadeiras bobas, cantamos rimas sem sentido — e fingimos, pelo menos durante aquelas horas, que não existia Talibã.

Infelizmente Moniba não estava falando comigo, porque tínhamos brigado alguns dias antes.

Quando cheguei em casa, chorei e chorei. Mamãe chorou também. Mas, quando meu pai chegou, ele disse:

— Não se preocupe, *jani*. Você vai continuar indo à escola.

Mas ele estava preocupado. A escola dos meninos ia reabrir depois das férias de inverno, mas o fechamento da escola das meninas significava uma perda significativa de renda, de que ele precisava para pagar o salário dos professores e o aluguel dos prédios. Como de costume, muitas famílias estavam com a mensalidade atrasada, e outras pararam de pagar depois do decreto de Fazlullah. Meu pai passou os últimos dias antes das férias tentando achar uma maneira de pagar todas as contas da escola.

Naquela noite, o ar estava cheio de tiros de artilharia, e acordei três vezes. Na manhã seguinte, minha família e eu conversamos sem entusiasmo sobre deixar o Swat ou me mandar para um internato longe dali. Mas, como meu pai disse, o Swat era nosso lar. Íamos apoiá-lo naquele momento difícil.

14. Escola secreta

Meu pai queria que eu continuasse treinando o inglês. Então me encorajou a assistir a um DVD que um jornalista em Islamabad tinha dado a ele: um programa de TV chamado *Betty, a feia*.

Adorei a Betty, com aquele aparelho e coração enorme. Ficava admirada assistindo a ela e suas amigas andando livremente pelas ruas de Nova York — sem véus cobrindo o rosto ou a necessidade de homens as acompanhando. Minha parte preferida era ver *o pai* da Betty cozinhando *para ela*, e não o contrário!

Mas aprendi outra lição assistindo ao programa. Embora Betty e suas amigas tivessem certos direitos, as mulheres nos Estados Unidos ainda não tinham igualdade plena; sua imagem era usada para vender coisas. De certa forma, concluí, as mulheres são peças de mostruário na sociedade americana também.

Quando assistia ao programa, via suas saias tão curtas e seus decotes tão profundos e me perguntava se havia escassez de roupa nos Estados Unidos.

Não era louco que aquele disquinho de plástico com imagens de uma menina com óculos gigantes e aparelho brilhante fosse ilegal? E não era estranho, também, assistir a Betty e suas amigas livres para andar pelas ruas de Nova York enquanto estávamos presos dentro de casa sem nada pra fazer?

Outro programa de TV que me deram foi uma comédia britânica dos anos 1970. Chamava-se *Mind Your Language* e era sobre uma sala de aula cheia de adultos do mundo todo tentando aprender inglês. A sra. Maryam deu os DVDs ao meu pai, mas eu que assisti, e ri muito. Não era bom para aprender inglês, porque todos no programa falavam muito mal! Mas foi onde aprendi algumas das minhas expressões favoritas, como "jolly good", "h'okay", "excooze me" e "thassalrye" ("that's all right").

Enquanto isso, meu irmão mais novo, Atal, e seus amigos começaram um novo jogo. Em vez de jogar *parpartuni*, eles brincavam de Exército contra Talibã. Crianças de todo o bairro faziam armas de mentira com qualquer coisa que encontrassem. Faziam rifles com gravetos ou papel dobrado e granadas com garrafas de água velhas.

A guerra e o terrorismo tinham virado brincadeira de criança.

Meus próprios irmãos — sem saber o que aquilo significava — fingiam ser militantes do Talibã ou soldados do Exército. Montavam até bunkers no nosso terraço, onde encenavam uma batalha.

Um dia vi Atal no quintal cavando um buraco.

— O que você está fazendo? — perguntei.

Estremeci quando ele me respondeu usando seu tom de voz mais natural:

— Uma sepultura.

Enquanto tudo isso acontecia, eu continuava escrevendo meu diário como Gul Makai.

Quatro dias depois de todas as escolas para meninas serem fechadas, os homens de Fazlullah destruíram cinco outras escolas. *Estou bastante surpresa*, escrevi. *Aquelas escolas já estavam fechadas. Por que precisavam ser destruídas também?*

Enquanto isso, o Exército não fazia nada a respeito, apenas mantinha a aparência de que estava ocupado. Soldados ficavam sentados em seus bunkers, fumando, bombardeando o dia todo e disparando seus canhões contra as montanhas a noite inteira. Mas de manhã as notícias que chegavam não eram de que o Exército havia ganhado terreno, mas de que o Talibã havia assassinado duas ou três pessoas. O Swat continuava indo assistir às punições anunciadas pela Mulá FM. E meninas que só queriam aprender eram mantidas dentro de casas que mais pareciam prisões.

Durante aqueles dias sombrios e tediosos, ouvimos rumores sobre conversas secretas com o Talibã. Então, do nada, Fazlullah concordou em retirar a proibição ao ensino para meninas de até dez anos. Disse que não havia problema as pequenas irem à escola, mas seguiu insistindo que as mais velhas deveriam ficar em casa, em regime de *purdah*.

Eu tinha onze anos, mas não deixaria que aquilo me impedisse de estudar. Além do mais, podia passar facilmente por uma menina de dez anos.

A sra. Maryam enviou uma mensagem para todas as meninas do fundamental II: se quisessem desafiar o novo decreto, as portas da escola estavam abertas.

— Só não usem uniforme — disse. — Venham com roupas comuns, *shalwar kamiz* simples, que não chame atenção.

Então, no dia seguinte, vesti roupas comuns e saí de casa com os livros escondidos embaixo da roupa e a cabeça erguida.

Mas Mingora tinha mudado naquele mês em que a escola fora fechada. Agora parecia uma cidade fantasma. Lojas fechadas, casas escuras, até o barulho comum do trânsito era um simples murmúrio. Mais de um terço da população havia fugido.

Minhas amigas e eu estávamos um pouco assustadas enquanto seguíamos a caminho da escola naquele primeiro dia, mas tínhamos um plano: se um *talib* nos parasse, simplesmente diríamos:

— Estamos no quarto ano.

Quando cheguei à escola naquela manhã, fiquei mais animada do que nunca ao passar pelo portão. A sra. Maryam estava nos aguardando; deu um abraço em cada uma e disse o quanto éramos corajosas. Ela também era corajosa, é claro; estava assumindo um grande risco ao estar lá. Meninas como nós poderiam ser repreendidas. Uma mulher adulta poderia apanhar. Ou ser morta.

— Esta escola secreta — disse — é nosso protesto silencioso.

15. Paz?

Em uma manhã de fevereiro, acordamos com o som de tiros. Não era incomum que fôssemos acordados assim durante a noite, mas dessa vez era diferente.

O povo de Mingora estava atirando para o alto em comemoração a um tratado de paz. O governo havia concordado em impor a *sharia* se o Talibã parasse com os ataques.

Sharia significava que todos os aspectos da vida — de disputas de propriedades a higiene pessoal — seriam ditados por juízes religiosos. Embora as pessoas criticassem o acordo de paz, eu estava feliz porque significava que poderia voltar à escola.

Desde 2007, mais de mil pessoas haviam sido assassinadas. As mulheres estavam sendo mantidas em *purdah*, escolas e pontes foram explodidas, lojas haviam sido fechadas e o povo do Swat vivia em medo constante. Mas agora tudo isso ia parar. Talvez o Talibã se acalmasse, voltasse para casa e nos deixasse viver como cidadãos pacíficos.

O melhor de tudo foi: o Talibã tinha cedido quanto à questão das escolas para meninas. Mesmo meninas mais velhas poderiam voltar a estudar. Pagaríamos um pequeno preço, no entanto; poderíamos ir à escola contanto que nos mantivéssemos cobertas em público. *Tudo bem*, pensei. *Se tem que ser assim...*

Enquanto a escola estava fechada, continuei dando entrevistas sobre o direito das meninas à educação, e meu pai e eu íamos a comícios e eventos para divulgar nossa mensagem o máximo possível. Mas agora o Geo TV, o maior canal do nosso país, queria entrevistar uma menina a respeito do tratado de paz. Fui entrevistada no terraço de um hotel à noite. Prepararam meu microfone e fizeram a contagem regressiva: cinco-quatro-três-dois-um.

O repórter me perguntou como o acordo de paz afetaria as meninas e se eu concordava com ele. O acordo acabara de ser anunciado mas já tinha sido violado — um jornalista que havia entrevistado meu pai recentemente fora assassinado.

Eu já estava decepcionada, e foi o que disse.

— Estamos muito tristes porque a situação está piorando. Esperávamos a paz e que pudéssemos voltar à escola. O futuro do nosso país nunca será bom se não educarmos os jovens. O governo deveria agir e nos ajudar.

Mas eu ainda não tinha acabado.

— Não tenho medo de ninguém. Vou terminar meus estudos. Mesmo que tenha que sentar no chão para fazê-lo. Tenho que terminar meus estudos, e vou.

Como eu tinha ficado tão corajosa?, eu me perguntava.

— Bom, Malala — dizia a mim mesma —, você não está fazendo nada de errado. Está discursando pela paz, pelos seus direitos, pelos direitos das meninas. Isso não é errado. É seu dever.

Depois da entrevista, um amigo do meu pai perguntou a ele:

— Quantos anos Malala tem?

Quando meu pai lhe disse que eu tinha onze, ele ficou chocado.

— Ela é *pakha jenai* — disse. — Tem pouca idade, mas já sabe muito.

Então perguntou:

— Como ela ficou assim?

Meu pai respondeu:

— As circunstâncias a transformaram.

Tínhamos sido enganados. Depois da imposição da *sharia*, o Talibã ficou ainda mais ousado. Agora seus membros patrulhavam abertamente as ruas de Mingora com armas e bastões como se fossem o Exército. Matavam policiais e jogavam os corpos na beira da estrada. Espancaram um comerciante porque permitia que mulheres comprassem batom desacompanhadas. Ameaçavam mulheres no mercado, inclusive minha mãe.

Um dia, quando ela foi ao mercado comprar um presente para o casamento do meu primo, um *talib* grande e robusto se aproximou dela e bloqueou seu caminho.

— Eu poderia espancar você, sabia? Por sair de casa sem a burca apropriada. Entendeu?

Minha mãe ficou com raiva e com medo. Ele estava se referindo a uma burca que cobre todo o rosto, com apenas uma grade de tecido nos olhos. Minha mãe vestia uma burca normal, e não tinha nenhuma do outro tipo.

— Está bem — ela disse. — Vou usar uma burca apropriada no futuro.

Ela nunca tinha mentido. Mas, também, nunca tinha sido confrontada no mercado por um homem com uma metralhadora.

— Ótimo — disse o homem. — Da próxima vez, não serei tão bonzinho com você.

Logo descobrimos que mesmo uma burca não era proteção contra os caprichos do Talibã.

Um dia cheguei em casa e encontrei meu pai e seus amigos assistindo a um vídeo no celular. Eu me aproximei para ver do que se tratava. No vídeo, uma adolescente vestindo uma burca preta e calça vermelha estava deitada de bruços, sendo chicoteada em plena luz do dia por um homem barbado de turbante preto.

— Por favor, pare! — ela implorava entre gritos e gemidos com cada golpe que recebia. — Em nome de Alá, estou morrendo!

Deu para ouvir o *talib* gritando.

— Segurem as pernas dela. Segurem as mãos dela.

Em determinado momento durante a cena, a burca subiu e revelou a calça vermelha. O castigo parou por um momento para que os homens pudessem cobri-la novamente, então eles continuaram chicoteando. Uma multidão havia se formado, mas ninguém fez nada. Um dos familiares da menina até se ofereceu para ajudar a segurá-la. Quando aquilo chegou ao fim, ela havia sido atingida 34 vezes.

Alguns dias depois o vídeo estava por toda parte — até mesmo na TV —, e o Talibã assumiu a responsabilidade.

— Essa mulher saiu de sua casa com um homem que não era seu marido, então tivemos que castigá-la — disse um porta-voz. — Certos limites não podem ser extrapolados.

Mulher? Ela era uma adolescente, talvez seis anos mais velha do que eu. Sim, um limite tinha sido extrapolado mesmo. Homens adultos haviam começado a bater em adolescentes.

Logo os bombardeios foram retomados. Enquanto ficávamos todos abraçados na sala de jantar, uma pergunta pairava em nossa mente: que tipo de paz é essa?

O documentário do *New York Times* tinha ido ao ar e trazido ainda mais atenção à situação das meninas no Swat. Começamos a receber mensagens de apoio de pessoas do mundo todo. Foi quando vi como a mídia podia ser poderosa. Recebemos mensagens até de uma paquistanesa de dezenove anos nos Estados Unidos, estudante de Stanford, Shiza Shahid. Mais tarde ela viria a desempenhar um papel muito importante em nossa campanha pela educação. Pela primeira vez, soubemos que nossa história estava sendo ouvida para além das fronteiras do Paquistão.

No dia 20 de abril, Sufi Mohammad, o líder do TNSM (e sogro de Fazlullah) que ajudou no acordo de paz entre o governo e o Talibã, veio a Mingora fazer um discurso. Naquela manhã, meus irmãos e eu espiamos pelo portão enquanto centenas de pessoas passavam na frente da nossa casa a caminho do comício. Alguns adolescentes militantes do Talibã passaram, tocando músicas de vitória no celular e cantando alto, animados. Rapidamente, fechamos o portão para que não pudessem nos ver. No fim, uma multidão enorme — quase 40 mil pessoas — se reuniu. E ainda que o lugar fosse bem longe de nossa casa, ouvíamos o som de milhares de vozes cantando músicas do Talibã. Era assustador.

Nosso pai tinha saído de casa naquela manhã para assistir ao comício do terraço de um prédio que ficava próximo do local. Quando chegou em casa, à noite, parecia que tinha envelhecido cem anos.

O discurso foi uma decepção. Achávamos que Sufi Mohammad diria a seus seguidores que largassem as armas, mas em vez disso ele falou que a democracia era anti-islâmica e incentivou-os a seguir lutando.

— Não é suficiente que tenham conseguido o que queriam no Swat — meu pai disse. — Os talibãs estão seguindo para Islamabad.

Até mesmo alguns seguidores de Sufi Mohammad estavam descontentes com o rumo dos acontecimentos.

Em questão de dias, o Talibã chegou à cidade de Buner, que ficava ao sul do Swat, a apenas cem quilômetros da capital. Agora que a capital estava em perigo, o Exército planejava um contra-ataque. Mingora estava de novo no meio.

Dessa vez, mamãe disse que devíamos ir embora para Shangla.

16. Deslocada

"Nenhum pachtum deixa sua terra por vontade própria. Ou ele a deixa por pobreza, ou por amor." É o que diz um famoso *tapa* pachtum, um dístico que minha avó me ensinou. Estávamos sendo expulsos por uma força que o autor jamais poderia ter imaginado — o Talibã.

Fiquei no nosso terraço olhando para as montanhas, as ruas onde costumava jogar críquete, as árvores de damasco começando a florescer. Tentei memorizar cada detalhe para o caso de nunca mais ver minha casa.

Então desci e tentei fazer as malas. Era o caos. Meus irmãos estavam implorando à minha mãe para levar os pintinhos de estimação, e a esposa do meu primo estava na cozinha chorando. Quando vi, comecei a chorar também. Meu coração estava cheio, mas às vezes minhas lágrimas só se sentiam livres para cair quando via outra pessoa chorar. Corri para o quarto e tentei pensar nas coisas que poderia levar comigo. Ia viajar no carro da família de Safina, então não tinha muito espaço. (O resto da minha família ia em outro carro com um amigo do meu pai.) Guardei a mochila da escola primeiro, meus livros e materiais. Dei uma última olhada nos meus troféus e disse adeus a eles. Então comecei a enfiar roupas em uma mala. Na pressa, peguei calças de uns *shalwar kamiz* e túnicas de outros, então acabei ficando com roupas que não combinavam.

Quando fechei a porta do quarto pelo que poderia ser a última vez e fui até a cozinha, vi minha mãe dizendo mais uma vez a Atal que não poderíamos levar os pintinhos.

— E se eles fizerem sujeira no carro? — ela perguntou.

Mas meu irmão não se deixava dissuadir e sugeriu que comprássemos fraldas para eles. Pobre Atal. Ele só tinha cinco anos e já havia passado por duas guerras em sua curta vida. Era uma criança; o Exército e o Talibã estavam em rota de colisão com a nossa casa e tudo o que importava para ele eram os pintinhos. Não podiam ir com a gente, é claro, e quando minha mãe disse que teriam que ficar para trás com uma porção extra de ração e água meu irmão caiu no choro. Então, quando ela disse que eu teria que deixar meus livros, quase chorei também. Eu amava a escola, e tudo o que importava para mim eram meus livros! Éramos crianças, afinal, e tínhamos preocupações de criança, mesmo que uma guerra estivesse a caminho.

Escondi meus livros em uma mala em nosso quarto de hóspedes, onde pareciam mais seguros, e sussurrei alguns versos do Corão para protegê-los. Então a família inteira se reuniu e dissemos adeus à nossa casa. Fizemos algumas orações e deixamos nosso doce lar sob a proteção de Deus.

Do lado de fora, as ruas sufocavam com o tráfego. Carros e riquixás, carroças e caminhões — todos lotados de pessoas e malas, pacotes de arroz e colchonetes. Havia motos com famílias inteiras se equilibrando nelas — e pessoas correndo pelas ruas só com a roupa do corpo. Poucos sabiam para onde estavam indo; só sabiam que precisavam ir embora. Dois milhões de pessoas estavam fugindo; era o maior êxodo da história pachtum.

Minha mãe, meus irmãos e eu íamos ficar com nossa família em Shangla. Mas nosso pai disse que seu dever era ir a Peshawar contar às pessoas o que estava acontecendo. Nenhum de nós gostava dessa ideia, principalmente minha mãe, mas entendemos. Combinamos que ele viajaria conosco e o deixaríamos em Peshawar.

A viagem, que normalmente levava algumas horas, levou dois dias. Como não tínhamos carro e fomos com a família de Safina e o amigo do meu pai, tivemos que desviar do caminho para onde eles estavam indo. Quando chegamos à cidade de Mardan, seguimos sozinhos na Carruagem Voadora até sua última parada. O final da jornada fizemos a pé. Tivemos que andar os últimos 24 quilômetros em estradas traiçoeiras e escorregadias, carregando todas as nossas coisas. Estava quase escuro e um toque de recolher poderia entrar em vigor a qualquer momento quando enfim chegamos ao desvio para Shangla. Lá, um oficial do Exército em um bloqueio nos parou.

— Toque de recolher. Ninguém passa por aqui — disse.

— Somos PDIS — dissemos a ele. — Precisamos chegar à aldeia da nossa família. — Mas mesmo assim ele não queria nos deixar passar.

Pessoas deslocadas internamente. Agora éramos isso, não paquistaneses, não pachtuns. Nossa identidade havia sido reduzida a três letras: PDI.

Imploramos ao homem e, depois que minha avó começou a chorar, ele nos deixou passar. Enquanto percorríamos aqueles últimos quilômetros na escuridão, calafrios subiam e desciam pelo nosso corpo. Temíamos que um veículo do Exército nos confundisse com terroristas e atirasse em nós pelas costas.

Finalmente, quando chegamos cambaleando a Shangla, nossos parentes ficaram chocados. O Talibã tinha acabado de deixar as montanhas, mas havia um rumor de que voltariam.

— Por que vieram para cá? — perguntaram.

Para PDIS, não havia lugar seguro.

Tentamos nos acostumar a uma nova vida nas montanhas, sem saber por quanto tempo ficaríamos lá. Me inscrevi na mesma turma escolar da minha prima Sumbul, que é um ano mais velha do que eu — e percebi que teria que pedir roupas dela emprestadas, porque tinha trazido uma mistura de calças e túnicas.

Levamos mais de meia hora para ir à escola e quando chegamos vi que só havia três meninas na sala. A maioria das meninas da aldeia parava de ir à escola ao completar dez anos, então as poucas que continuavam tinham aulas com meninos. Causei um pouco de choque porque não cobria o rosto como as outras e porque falava livremente e fazia perguntas.

Logo aprenderia uma lição na aldeia. Aconteceu no segundo dia de aula, quando Sumbul e eu chegamos atrasadas. Tinha sido minha culpa — sempre gostei de dormir um pouco mais — e comecei a explicar. Fiquei confusa por um momento quando o professor nos mandou estender as mãos — então fiquei chocada quando ele bateu nelas com uma vara.

Fui para meu lugar, queimando de humilhação. Mas quando a vergonha passou entendi que o castigo significava que eu estava simplesmente sendo tratada como alguém do grupo.

Eu estava feliz por ficar com meus primos, mas, ah, como sentia saudade da minha casa. E da minha antiga escola. E dos meus livros. E até de *Betty, a feia*.

O rádio era nossa salvação nas montanhas, e o ouvíamos constantemente. Um dia, em maio, o Exército anunciou que enviara paraquedistas para Mingora em preparação para um confronto com o Talibã. A batalha durou quatro dias. Era impossível dizer quem estava ganhando. No fim, houve combate corpo a corpo nas ruas.

Tentei imaginar homens do Talibã em combate na rua em que jogávamos críquete. Soldados do Exército atirando das janelas de hotéis.

No fim, o Exército anunciou que o Talibã estava fugindo. Havia destruído Imam Deri, o reduto de Fazlullah. Depois recuperou o aeroporto. Em quatro semanas, o Exército anunciou que tinha tomado a cidade de volta.

Respiramos um pouco mais aliviados, mas nos perguntamos: para onde o Talibã estaria fugindo? Eles voltariam para as montanhas?

Durante todo esse tempo, ficamos muito preocupados com meu pai. Era quase impossível conseguir sinal de telefone nas montanhas, e às vezes minha mãe tinha que subir em uma pedra enorme no meio de um campo para conseguir uma barrinha de serviço. Quase nunca tínhamos notícias dele.

Ele estava em Peshawar, em um quarto de albergue com mais três homens, tentando fazer com que a mídia e os oficiais regionais entendessem o que estava acontecendo no Swat todo aquele tempo. Então, depois de mais ou menos duas semanas, meu pai ligou e disse para nos juntarmos a ele em Peshawar.

Todos choramos de alegria quando finalmente nos reunimos.

Ele tinha uma grande notícia: Richard Holbrooke, embaixador especial dos Estados Unidos, faria uma reunião em Islamabad, e nós tínhamos sido convidados para participar. Mas, na manhã da reunião, perdemos a hora! Eu não tinha arrumado o despertador direito e meu pai ficou um pouco bravo comigo. De algum jeito, conseguimos chegar ao hotel a tempo.

Era uma conferência com vinte ativistas sociais de áreas tribais atingidas pela guerra em todo o Paquistão, reunidos em volta de uma grande mesa — e eu estava sentada bem ao lado do embaixador.

O sr. Holbrooke virou para mim.

— Quantos anos você tem? — perguntou.

Alinhei a coluna para parecer o mais alta possível.

— Doze — respondi. Era quase verdade; meu aniversário era em alguns dias.

Respirei fundo.

— Respeitável embaixador — disse —, peço-lhe o favor de ajudar as meninas do Paquistão a estudar.

Ele riu.

— Vocês já têm muitos problemas e estamos fazendo muito por seu país — ele disse. — Garantimos bilhões de dólares em ajuda econômica; estamos trabalhando com seu governo para providenciar eletricidade e gás... mas o Paquistão está enfrentando muitos problemas.

Eu não sabia dizer o que aquela risada significava. Mas

entendi suas palavras. A educação das meninas estava no fim da lista de prioridades. Talvez eu tenha me curvado um pouco. Talvez meu sorriso tenha murchado um pouco. Mas não deixei transparecer que estava decepcionada. Além do mais, agora eu sabia: aparecer na TV e falar sobre a educação das meninas era apenas metade da batalha. A outra metade ainda estava à nossa frente. E eu ia seguir lutando.

Depois da nossa visita a Islamabad, onde também demos uma coletiva para contar nossa história, com o intuito de que as pessoas soubessem o que estava acontecendo no Swat, não sabíamos bem para onde ir. Mingora ainda estava em chamas. Os talibãs se retiravam para as montanhas do Swat. Então aceitamos um convite para ficar em Abbottabad. Melhor que isso foi a notícia de que Moniba também estava lá. Não nos falávamos desde nossa briga antes do último dia de aula, mas ela ainda era minha melhor amiga.

Então liguei e a convidei para ir comigo ao parque; levei Pepsi e biscoitos como oferta de paz.

— Foi tudo culpa sua — ela me disse.

Concordei. Não me importava quem estava certa ou errada (embora eu estivesse bem certa de que não tinha feito nada de errado). Eu só estava feliz por sermos amigas de novo.

Em meio a tudo isso, meu aniversário estava chegando. O dia todo esperei pela comemoração — mas, com o caos, todos esqueceram. Tentei não sentir pena de mim mesma, mas não conseguia parar de pensar em como meu último aniversário fora diferente. Tinha comido bolo com minhas amigas. Havia balões, e eu tinha feito um pedido pela paz em nosso vale.

Fechei os olhos e fiz o mesmo pedido no meu aniversário de doze anos.

17. Em casa

Depois de três meses morando aqui e lá, com estranhos e parentes, finalmente estávamos a caminho de casa. Quando descemos as montanhas e vimos o rio Swat, papai começou a chorar; quando vimos a condição em que estava a pobre Mingora, todos caímos no choro.

Para todo lugar que olhávamos, víamos prédios em escombros, pilhas de destroços, carros queimados e janelas quebradas. Lojas estavam com as portas de metal destruídas, as janelas escancaradas, as prateleiras vazias. Parecia que todos os prédios tinham marcas de balas.

Ainda parecia uma zona de guerra. Soldados do Exército nos observavam do alto dos prédios com suas metralhadoras apontadas para as ruas. E, apesar de o governo ter dito que era seguro voltar, a maioria das pessoas ainda estava com muito medo. A rodoviária, que geralmente era um caos de ônibus coloridos e centenas de viajantes, estava deserta, e crescia mato das rachaduras no asfalto.

Mas não havia nem sinal do Talibã.

Quando viramos a esquina de nossa casa, nos preparamos para o pior. Tínhamos ouvido que as casas vizinhas à nossa haviam sido saqueadas; TVs e joias, roubadas. Prendemos a respiração enquanto papai abria o portão. A primeira coisa que vimos foi que o jardim tinha virado uma floresta. Meus irmãos correram imediatamente para ver como estavam os pintinhos. Voltaram chorando; tudo o que restava era uma pilha de penas e ossos. Eles tinham morrido de fome. Enquanto isso, corri para o quarto de hóspedes, onde havia escondido meus livros. Estavam sãos e salvos. Fiz uma oração em agradecimento e os folheei. Que lindo foi ver minhas equações, minhas anotações de estudos sociais e meu livro de gramática da língua inglesa.

Quase chorei de emoção, mas lembrei que ainda não sabíamos se nossa escola havia sobrevivido.

— Alguém esteve aqui — meu pai disse quando passamos pelo portão.

O prédio do outro lado da rua havia sido atingido por um míssil, mas por milagre a escola estava intacta. Dentro, havia bitucas de cigarro e embalagens de comida espalhadas pelo chão. As cadeiras e mesas estavam reviradas. O letreiro Escola Khushal estava no canto onde meu pai o deixara por questão de segurança. Levantei o letreiro e gritei. Embaixo estavam algumas cabeças de cabras. Demorei um instante para entender que eram restos do jantar de alguém.

Frases antitalibãs tinham sido rabiscadas por todas as paredes. E, dentro das salas de aula, havia cartuchos de balas espalhados pelo chão. "Exército *Zindabad*!", que queria dizer "Vida longa ao Exército", estava escrito em um quadro-negro. Então entendemos quem tinha ficado ali. Os soldados haviam feito um buraco em uma das paredes do segundo andar, através do qual conseguiam ver a rua lá embaixo. Talvez o lugar tivesse sido usado de posto para um franco-atirador. Embora estivesse uma bagunça, nossa amada escola ainda estava de pé.

Depois de averiguar os danos às salas de aula, papai e eu fomos até o escritório. Lá ele encontrou uma carta deixada pelo Exército. Culpavam o povo do Swat por permitir que o Talibã assumisse o controle do nosso país. A carta dizia: "Perdemos muitas vidas preciosas de soldados e isso se deve à negligência de vocês. Longa vida ao Exército paquistanês".

Meu pai deu de ombros.

— Típico — disse. — Primeiro o povo do Swat é enfeitiçado pelo Talibã, depois é morto pelo Talibã, e agora é culpado pelo Talibã!

    Era tudo muito confuso. Antes eu queria ser médica, mas depois de tudo o que passamos comecei a achar que ser líder política poderia ser uma escolha melhor. Nosso país tinha tantos problemas. Talvez algum dia eu pudesse ajudar a resolvê-los.

18. Um pedido humilde e uma paz estranha

O Swat finalmente estava em paz. O Exército continuou nas ruas, mas as lojas reabriram, as mulheres andavam livremente nos mercados — e eu derrotei Malka-e-Noor e fiquei com o primeiro lugar! Me sentia tão esperançosa com o futuro do meu vale que plantei uma semente de mangueira em frente à nossa casa. Sabia que ia demorar muito tempo para que a árvore desse frutos, como a reconciliação e a reconstrução que o governo havia prometido, mas era meu jeito de dizer que estava cheia de esperança em um futuro longo e pacífico para Mingora.

Uma das minhas maiores preocupações naqueles dias era que, perto de completar treze anos, parei de crescer. Se antes era a menina mais alta da classe, agora estava entre as mais baixas. Então eu tinha um pedido humilde. Todas as noites rezava para Alá pedindo para ficar mais alta e media minha altura na parede do quarto com uma régua e um lápis. E todas as manhãs ficava em pé encostada na parede para ver se tinha crescido. Prometi até que se eu crescesse um pouquinho mais — um centímetro que fosse — ofereceria cem *raakat nafl* além das orações que fazia diariamente.

Eu dava palestras em muitos eventos, mas sentia que a altura era um empecilho à minha autoridade. Era tão baixinha que às vezes ficava difícil olhar para as pessoas por cima do púlpito!

No início de 2010, nossa escola foi convidada para participar da Assembleia Distrital das Crianças do Swat, criada pela

Unicef e pela Fundação Khpal Kor (Meu lar) para órfãos. Sessenta alunos de todo o Swat foram escolhidos como membros. Eram meninos na maioria, mas onze meninas da minha escola participaram. Quando fizemos votação para escolher quem seria o orador, eu ganhei! Era estranho estar em cima do palco com as pessoas me tratando por "senhora oradora", mas levei a responsabilidade muito a sério.

A assembleia se reuniu quase todos os meses durante um ano, e aprovamos nove resoluções. Pedimos o fim do trabalho infantil. Pedimos auxílio para enviar crianças com necessidades especiais e de rua para a escola. Exigimos que todas as escolas que haviam sido destruídas pelo Talibã fossem reconstruídas. Depois de aprovadas, as resoluções foram enviadas aos canais competentes — e algumas delas até foram discutidas. Éramos ouvidos, estávamos fazendo a diferença, e isso era muito bom.

No outono, nuvens se acumularam. Um amigo do meu pai — um homem que havia se manifestado contra o Talibã — caiu numa emboscada quando voltava para casa. Outro homem, um político que havia feito críticas ao Talibã, foi morto por um homem-bomba.

O verão de 2010 trouxe chuvas torrenciais — uma monção que inundou o vale, varrendo tudo por onde passava. Em todo o Paquistão, mais de 2 mil pessoas morreram afogadas, milhões perderam suas casas e 7 mil escolas foram destruídas.

Nossa casa ficava em uma área alta, então nos livramos da inundação, mas nossa escola, à margem do rio, foi muito atingida. Quando a água desceu, havia marcas da altura do peito de um adulto nas paredes; nossas mesas e cadeiras ficaram cobertas por uma lama grossa e malcheirosa. Os reparos iam ser caros. Os danos em Shangla foram ainda piores, e líderes religiosos fundamentalistas sugeriram mais uma vez que Deus estava mandando um desastre natural como punição por comportamentos anti-islâmicos.

No início de 2011, o Talibã havia explodido mais duas escolas. Sequestraram três voluntários estrangeiros e os assassinaram. Outro amigo do meu pai, vice-reitor de uma universidade que havia se manifestado contra o Talibã, foi assassinado por dois atiradores que invadiram sua sala.

Em maio do mesmo ano, Osama bin Laden, o mentor dos ataques do Onze de Setembro, foi morto em seu esconderijo em Abbottabad, a poucos passos de distância da nossa academia militar.

Então uma carta anônima endereçada a meu pai chegou à nossa casa. "Você é filho de um clérigo religioso. Mas é como um infiel. Não é um bom muçulmano. Você se manifestou contra nós e enfrentará as consequências. Os *mujahedins* o encontrarão aonde quer que você vá."

Estava começando a parecer que o Talibã nunca tinha ido embora de verdade.

Tentei convencer a mim mesma de que aquela carta era apenas o último ataque inútil de um Talibã derrotado. Mas, ainda assim, orava pela segurança de meu pai todos os dias. Orava pedindo que minha escola continuasse aberta e que as escolas bombardeadas fossem reconstruídas. Também continuei pedindo a Deus para ser mais alta. Se ia virar uma política e trabalhar pelo meu país, dizia a Ele, precisava pelo menos enxergar as pessoas direito.

19. Enfim, boas notícias

Um dia, em outubro de 2011, meu pai me chamou para mostrar um e-mail que havia recebido. Eu mal acreditava no que estava escrito: tinha sido indicada ao prêmio internacional da paz da Kids Rights, uma organização em defesa das crianças com base em Amsterdam. Meu nome foi indicado pelo arcebispo Desmond Tutu, da África do Sul, um dos maiores heróis do meu pai, por sua luta contra o apartheid.

Então chegou mais um e-mail: um convite para falar em uma conferência sobre educação em Lahore. O ministro de lá estava começando uma nova rede de escolas e todas as crianças receberiam laptops. Ele oferecia prêmios em dinheiro para crianças de toda a sua província que tiravam boas notas nos exames. E, para minha surpresa, também estava me oferecendo um prêmio pela minha campanha pelos direitos das meninas.

Usei meu *shalwar kamiz* rosa preferido para a cerimônia e decidi que contaria a todos como minhas amigas e eu desafiamos o decreto do Talibã e continuamos indo à escola em segredo. Queria que as crianças de todo o mundo fossem gratas pela educação, então disse que conhecia na pele o sofrimento de milhões de crianças que eram privadas desse direito.

— Mas as meninas do Swat não tinham e continuam não tendo medo — disse à plateia.

Mal fazia uma semana que eu estava de volta a Mingora quando uma das minhas amigas entrou correndo na sala um dia e anunciou que eu tinha ganhado mais um prêmio. O governo havia me concedido o primeiro Prêmio Nacional da Paz do Paquistão. Eu não conseguia acreditar. Tantos jornalistas apareceram na nossa escola que o dia foi uma loucura.

Eu ainda não tinha crescido nem um centímetro quando chegou o dia da cerimônia de entrega do prêmio, mas estava determinada a ser vista como autoridade mesmo assim. Quando o primeiro-ministro me entregou o prêmio, entreguei a ele uma lista de reivindicações — incluindo um pedido para que reconstruísse as escolas destruídas por Fazlullah e para que o governo fundasse uma universidade para meninas no Swat. Isso selou minha determinação de me tornar política — para que pudesse eu mesma agir, e não apenas pedir a ajuda dos outros.

Quando anunciaram que o prêmio seria entregue anualmente e que seu nome seria Prêmio Malala, notei preocupação no rosto de meu pai. Na tradição do nosso país, não homenageamos as pessoas assim enquanto elas estão vivas, apenas após sua morte. Ele era um pouco supersticioso e achou que era um mau agouro.

Meus irmãos, claro, me mantiveram humilde. Ainda brigavam comigo, lutavam pelo controle da TV e me provocavam. O mundo todo podia estar me dando atenção, mas eu ainda era a mesma Malala para eles.

Eu me perguntava, no entanto, como minhas amigas iam encarar toda essa publicidade. Afinal, éramos um grupo muito competitivo. E, claro, eu tinha que levar em consideração os sentimentos de Moniba. Temia que ela achasse que eu a estava abandonando em minhas viagens — ou que ela encontrasse uma nova melhor amiga. Mas não tive tempo para pensar em nada disso em meu primeiro dia de volta à escola. Quando cheguei, disseram que um grupo de jornalistas estava esperando para me entrevistar. Ao entrar na sala, vi todas as minhas amigas em volta de um bolo, gritando "Surpresa!". Elas tinham feito uma vaquinha e comprado um bolo branco com cobertura de chocolate escrito "Sucesso para sempre!".

Minhas amigas queridas, elas eram muito generosas e só queriam compartilhar meu sucesso. Em meu coração sabia que qualquer uma de nós poderia ter chegado aonde cheguei; eu tinha sorte por ter pais que me incentivavam apesar do medo que todos sentíamos.

— Agora podem voltar ao trabalho — a sra. Maryam disse quando terminamos de comer o bolo. — As provas são em março!

PARTE IV

Alvo

20. Uma ameaça de morte contra mim

Um dia, no início de 2012, estávamos em Karachi como convidados da Geo TV e uma jornalista paquistanesa que vivia no Alasca veio nos ver; ela tinha assistido ao documentário do *New York Times* e queria me conhecer. Também quis conversar com meu pai em particular.

Percebi que ela falou com lágrimas nos olhos; então os dois foram até o computador. Pareciam preocupados e fecharam com pressa o que quer que estivessem olhando.

Um tempinho depois, o celular do meu pai tocou. Ele atendeu longe de todo mundo e voltou parecendo muito triste.

— O que aconteceu? — perguntei. — Tem alguma coisa que você não está me contando.

Meu pai sempre me tratou como sua semelhante, mas naquela hora vi que estava tentando decidir se me protegia ou compartilhava aquilo comigo. Suspirou profundamente e então me mostrou o que estava vendo no computador.

Ele jogou meu nome no Google. Malala Yousafzai, dizia o Talibã, "deve morrer".

Lá estava, em preto e branco. Uma ameaça de morte contra mim.

Acho que sabia que esse momento chegaria algum dia, e agora estava ali. Pensei naquelas manhãs em 2009, quando a escola reabriu e eu tive que andar até lá com os livros escondidos embaixo da roupa. Ficava tão nervosa naquela época. Mas tinha mudado desde então. Estava três anos mais velha. Tinha viajado, discursado e ganhado prêmios. Ali estava um apelo pela minha morte — um convite de um terrorista a outro, dizendo "Vá em frente, atire nela" —, e eu estava calma como nunca. Era como se estivesse lendo sobre outra pessoa.

Encarei mais uma vez a mensagem na tela. Então fechei o computador e nunca mais olhei para aquelas palavras. O pior tinha acontecido. Eu era um alvo do Talibã. Agora tinha que voltar a fazer o que devia fazer.

Eu estava calma, mas meu querido pai estava em lágrimas.

— Você está bem, *jani*? — ele perguntou.

— *Aba* — eu disse, tentando acalmá-lo —, todo mundo sabe que vai morrer um dia. Ninguém pode escapar da morte. Não importa se ela vem pelas mãos de um *talib* ou com o câncer.

Ele não se convenceu.

— Talvez devamos parar a campanha por um tempo — disse. — Talvez seja melhor manter a discrição por um tempo.

Meu orgulhoso e destemido pai pachtum tremia de um jeito que eu nunca tinha visto. E eu sabia por quê. Uma coisa era ele ser alvo do Talibã. Ele sempre dizia:

— Que me matem. Vou morrer pelo que acredito.

Mas nunca imaginou que o Talibã direcionaria sua ira a uma criança. A mim.

Olhei para o rosto entristecido dele e soube que honraria meus desejos independentemente do que eu decidisse. Mas não havia nenhuma decisão a ser tomada. Aquela era minha vocação. Uma força poderosa habitava em mim, algo maior e mais forte do que eu, que me tornara destemida. Agora eu é que tinha que dar ao meu pai uma dose da coragem que ele sempre me dera.

— *Aba*, foi você quem disse que se acreditamos em algo que é maior que nossa vida então nossa voz vai se multiplicar, mesmo se morrermos. Não podemos parar agora.

Ele entendeu, mas disse que precisaríamos ter cuidado com o que dizíamos e para quem dizíamos.

Na viagem de volta para casa, me perguntei o que faria se um *talib* tentasse me matar.

Bom, eu simplesmente tiraria meu sapato e bateria nele.

Mas então pensei: *Se você bater em um* talib *com um sapato, não há diferença nenhuma entre você e ele. Não deve tratar os outros com crueldade. Deve combatê-los com paz e diálogo.*

— Malala — disse a mim mesma —, só diga a ele o que está em seu coração. Que você quer a educação. Para você mesma. Para todas as garotas. Para a irmã dele, a filha dele. Para ele.

Era o que eu faria. E então diria:

— Agora você pode fazer o que quiser.

21. A promessa de primavera

Na primavera, o vale começou a esquentar, os álamos haviam florescido e um pequeno milagre na campanha pela educação acontecia bem na minha casa: minha mãe estava aprendendo a ler.

Enquanto meu pai e eu estávamos ocupados cruzando o Swat, falando em nome das garotas do nosso vale, minha mãe começou a trabalhar com uma das professoras da Escola Khushal. Sempre que a sra. Ulfat tinha uma folga em sua agenda, minha mãe a visitava, com caderno e lápis na mão, até que aos poucos os rabiscos e símbolos estranhos na página se revelaram para ela. Logo aprendeu a ler em urdu — e começou a aprender inglês.

Minha mãe amava estudar ainda mais do que eu, se é que isso é possível. Meu pai dizia que era porque ela tinha sido privada dos estudos por tanto tempo. À noite, ela e eu geralmente fazíamos a lição de casa juntas, tomando chá — duas gerações de mulheres pachtum felizes debruçadas sobre os livros.

Meus estudos estavam um pouco atrasados por causa de todas as viagens. Eu mal conseguia acreditar, mas Malka-e-Noor tinha ficado em primeiro no semestre anterior. E, claro, Khushal aproveitou a oportunidade para me provocar.

— Enquanto você estava ocupada se tornando a estudante mais famosa do Paquistão, sua rival roubou sua coroa da sua casa!

Mas isso não importava. Minhas amigas e eu estávamos felizes porque as provas finalmente tinham acabado e nossa turma ia fazer o primeiro passeio em anos. Durante o reinado de Fazlullah, todas as excursões foram canceladas, pois as meninas não podiam ser vistas em público. Agora, finalmente, nosso amado ritual de primavera estava de volta.

Fomos de ônibus até o famoso Palácio Branco, uma maravilha de mármore tão sublime que parecia flutuar como uma nuvem. Minhas amigas e eu visitamos seus cômodos e jardins com admiração. Depois corremos pelo lugar, brincando de pega-pega na floresta verde e densa. Quando chegamos a uma cachoeira cristalina, todas posamos para fotos.

Uma menina jogava água na outra. As gotas iluminavam o ar como diamantes. Era uma das coisas mais lindas que eu já tinha visto, e todas ficamos ali sentadas, sonhando durante algum tempo, só ouvindo a água cair.

Então Moniba começou a jogar água em mim de novo. Eu não estava a fim, e pedi que ela parasse. Mas minha amiga jogou mais uma vez. E mais uma. Meu pai me chamou, e saí dali. Quando voltei, Moniba estava com raiva de mim por ter saído. E, mais uma vez, nossa bobeira de sempre estragou o dia. Fomos para casa de ônibus, mal-humoradas, cada uma em um assento.

Na manhã seguinte, um homem bateu à nossa porta com a cópia de uma carta. Enquanto meu pai a lia para nós, a cor foi desaparecendo de seu rosto.

> *Caros irmãos muçulmanos,*
> *Existe uma escola, a Khushal, que é um centro de vulgaridade e obscenidade. Eles levam meninas para piqueniques em diversos locais. Vão e perguntem ao gerente do Hotel Palácio Branco e ele contará o que essas meninas fizeram...*

Papai soltou a folha de papel.
— Sem assinatura — disse.
Ficamos atordoados. Sabíamos que nada de inapropriado havia acontecido em nosso passeio.

Nosso telefone começou a tocar. As cartas, aparentemente, haviam sido distribuídas por toda a vizinhança e coladas nos muros da mesquita próxima à nossa escola.

Estava claro que alguém nos espionara durante o passeio.

E esse alguém se esforçou muito para espalhar mentiras sobre nós e sobre nossa escola. Não havia como negar: o Talibã podia ter sido derrotado, mas suas crenças ainda se espalhavam.

22. Presságio

Naquele verão eu completei quinze anos. Muitas meninas já estão casadas com essa idade. E muitos meninos já deixaram a escola para sustentar a família. Eu tinha sorte. Podia ficar na escola pelo tempo que quisesse, enquanto houvesse paz — bom, certa paz. Os bombardeios tinham diminuído para dois ou três por ano, e era possível passar pela praça Verde sem ver o resultado de uma matança do Talibã. Mas a paz verdadeira parecia ser nada mais que uma memória, ou uma esperança.

Esse aniversário foi um momento decisivo para mim. Eu já era considerada adulta — isso acontece aos catorze anos em nossa sociedade. Mas era hora de fazer um balanço, pensar sobre o futuro. Agora eu tinha certeza de que queria ser uma líder política. Sentia que a palavra "política" tinha uma pequena mancha, mas comigo seria diferente. Eu faria as coisas das quais os políticos apenas falavam. E começaria pela educação — principalmente de meninas. Só porque não precisava mais lutar para frequentar a escola, não queria dizer que tinha menos interesse na causa.

Eu recebera muitos prêmios, e começara a achar que já era demais. Que não merecia tudo aquilo. Ainda via muitas crianças sofrendo — por que deveria estar curtindo em festas e cerimônias? Disse ao meu pai que queria gastar um pouco do dinheiro que havia recebido ajudando as pessoas necessitadas. Nunca esqueci as crianças que vi catando lixo anos antes. Queria ajudar crianças como aquelas. Então decidi fundar uma instituição para a educação. Organizei uma reunião com 21 meninas da escola, e discutimos como poderíamos ajudar cada uma das meninas do Swat a ter acesso à educação. Decidimos que nosso foco seriam as crianças de rua e as que trabalhavam. Fizemos planos de continuar a conversa e, no outono, decidir o que faríamos exatamente.

No início de agosto, meu pai recebeu notícias assustadoras. Um de seus amigos mais próximos, Zahid Khan, tinha sido atacado. Como meu pai, ele era um opositor ferrenho do Talibã. Uma noite, voltando de suas orações, foi baleado à queima-roupa — no rosto.

Quando papai recebeu a notícia, caiu de joelhos; foi como se ele próprio tivesse sido baleado.

— Nós dois estávamos na lista do Talibã — finalmente confessou à minha mãe. — As pessoas estavam se perguntando qual de nós iria primeiro.

Apesar de terem nos dito que o Talibã havia fugido, ainda havia violência no vale. Se antes qualquer pessoa da região que fosse pega no fogo cruzado se encontrava em perigo, agora a ameaça era principalmente contra aqueles que tinham se manifestado contra o Talibã no passado e que continuavam a fazer campanha pela paz.

Por algum milagre, Zahid Khan sobreviveu. Depois disso, no entanto, percebi uma mudança em meu pai. Ele começou a variar sua rotina. Um dia ia para a escola fundamental assim que amanhecia; no dia seguinte ia para a escola das meninas, e no seguinte para a dos meninos. Antes de entrar, olhava para a direita e para a esquerda quatro ou cinco vezes para ter certeza de que não estava sendo seguido.

À noite ia até meu quarto, fingindo que estava lá para me dar boa-noite. Mas na verdade estava vendo se todas as janelas estavam trancadas. Eu sabia o que ele estava fazendo, então dizia:

— *Aba*, por que fechou todas as janelas?

Ele respondia:

— *Jani*, fechei as janelas porque quero que você fique segura!

— Se o Talibã quisesse me matar — dizia a ele —, teria feito isso em 2009. Aquela era a hora.

Ele fazia que não com a cabeça e dizia:

— Não, você precisa ficar segura.

Meu quarto era grande, ficava na parte da frente da casa e tinha muitas janelas. Eu me preocupava às vezes, pensando que alguém poderia escalar o muro e pular para dentro do quarto. Também me perguntava constantemente se alguém não teria se esquecido de trancar o portão. Então, quando todos já estavam dormindo, ia até lá fora na ponta dos pés para conferir.

Naquele outono, coisas estranhas aconteceram. Desconhecidos vinham até nossa casa para fazer perguntas a meu pai sobre seus amigos e sua família. Ele me disse que eram do serviço de inteligência. Às vezes iam até a escola e bisbilhotavam.

Aconteceram coisas pequenas também. Uma professora chegou à escola histérica certa manhã, dizendo que tivera um pesadelo horrível comigo.

— Você estava muito ferida — ela disse. — Suas pernas estavam em chamas.

E uma foto minha que ficava pendurada em uma parede de casa misteriosamente caiu durante a noite. Meu pai, o homem mais gentil que conheço, ficou muito transtornado quando viu o quadro torto na manhã seguinte.

— Por favor, ajeite aquele quadro! — ele explodiu com a mamãe.

Comecei a ter pesadelos também. Sonhos em que homens jogavam ácido em meu rosto. Sonhos em que me seguiam. Às vezes ouvia passos ecoando os meus quando virava a rua da nossa casa. E às vezes imaginava figuras sumindo nas sombras quando eu passava.

Também comecei a pensar sobre a morte, imaginando como seria.

Não contei a meus pais sobre os sonhos e o medo, nem a Moniba. Não queria deixar ninguém preocupado.

23. Um dia como outro qualquer

A segunda terça-feira de outubro começou como qualquer outra. Eu estava atrasada, como sempre, porque tinha dormido demais, como sempre. Tinha ficado acordada até muito tarde depois de conversar com Moniba, estudando para a prova de fim de ano de estudos paquistaneses. Já tinha obtido um resultado decepcionante na prova de física, então precisava tirar a nota máxima naquela se quisesse pegar de volta o primeiro lugar da Malka-e-Noor. Era uma questão de honra. E uma questão entre irmãos: se eu não ficasse em primeiro, Khushal nunca mais ia parar de falar naquilo.

Engoli um pouco de ovo frito e *chapati* com chá e saí correndo pela porta, bem a tempo de pegar o ônibus lotado de meninas a caminho da escola. Eu estava feliz naquela manhã, ridiculamente feliz. Antes de sair, meu pai estava provocando Atal, dizendo que ele poderia ser meu secretário quando eu fosse primeira-ministra. E, claro, Atal disse que não, que ele seria o primeiro-ministro, e *eu* seria a secretária *dele*.

Parecia que tudo na minha vida estava indo bem. Mamãe estava começando a ler. Eu estava a caminho da escola que amava. Moniba e eu éramos amigas novamente. Disse a mim mesma para não me preocupar com Malka-e-Noor, só me esforçar muito. E, pensei, devia agradecer a Deus por tudo o que tinha. Foi o que fiz. Fiz uma oração de agradecimento baixinho antes de estudar mais alguns minutos para a prova. *Ah! E, Deus, por favor, não se esqueça de me dar o primeiro lugar, já que me esforço tanto.*

Sempre rezei mais durante a época de provas. Geralmente,

não rezava "pontualmente", ou seja, cinco vezes ao dia, nosso dever religioso. Mas, nessa época do ano, minhas amigas e eu rezávamos certinho. Eu pedia ajuda com as provas, ou ajuda para ficar em primeiro lugar. Nossos professores sempre nos disseram, no entanto:

— Deus não vai dar as notas se vocês não estudarem. Deus nos banha de bênçãos, mas também é honesto.

Então sempre me esforcei muito também.

A manhã da prova passou, e eu estava confiante de que tinha feito um bom trabalho. Moniba sugeriu que esperássemos pelo segundo ônibus, o que geralmente fazíamos para que pudéssemos conversar antes de ir para casa.

Quando a *dyna* chegou, procurei por Atal. Mamãe tinha dito a ele que fosse embora comigo naquele dia.

Mas logo me distraí quando as meninas se reuniram para ver o motorista fazer um truque com uma pedrinha que desaparecia. Por mais que tentássemos, nunca conseguíamos descobrir seu segredo. Esqueci Atal completamente quando entramos na *dyna*. Nos apertamos lá dentro e sentamos nos lugares de sempre, mais ou menos vinte meninas ao todo. Moniba estava ao meu lado, e o resto das minhas amigas estava no banco da frente. Uma menininha chamada Hina pegou o outro lugar ao meu lado, onde minha amiga Shazia costumava sentar — obrigando Shazia a sentar no banco do meio, onde geralmente colocávamos as mochilas. Ela parecia tão triste que pedi a Hina que trocasse de lugar.

Quando a *dyna* ia sair, Atal veio correndo. As portas estavam fechadas, mas ele pulou na traseira. Esse era seu novo truque, ir para casa pendurado atrás do ônibus. Era perigoso, e nosso motorista não admitia mais aquilo.

— Entre, Atal — ele disse.

Mas meu irmão nem se mexeu.

— Sente dentro da *dyna* com as meninas, Atal Khan Yousafzai, ou não vou levar você! — o motorista disse, mais forte dessa vez.

Atal gritou que preferia ir andando para casa a sentar com as meninas. Pulou do ônibus e saiu correndo.

Estava quente e grudento dentro da *dyna* enquanto balançávamos pelas ruas lotadas da hora do rush de Mingora, e uma das meninas puxou uma canção para passar o tempo. O ar estava pesado com o cheiro familiar de diesel, pão e kebab misturado ao fedor do rio próximo dali, onde todos jogavam lixo. Saímos da rua principal no posto de controle do Exército, como sempre, e passamos pelo pôster que dizia TERRORISTAS PROCURADOS.

Assim que passamos a fábrica Little Giants, a rua ficou estranhamente calma e o ônibus desacelerou. Não me lembro de um jovem nos parando e perguntando ao motorista se aquele era o ônibus da Escola Khushal. Não me lembro do outro homem indo para a traseira do ônibus, onde todas estávamos sentadas. Não o ouvi perguntar:

— Quem é Malala?

E não ouvi o BANG, BANG, BANG das três balas.

A última coisa de que me lembro é de pensar na prova do dia seguinte. Depois disso, tudo ficou escuro.

PARTE V

Uma vida nova, longe de casa

24. Um lugar chamado Birmingham

Acordei no dia 16 de outubro com um monte de gente à minha volta, olhando para mim. Todos tinham quatro olhos, dois narizes e duas bocas. Pisquei, mas a imagem não melhorou. Via tudo dobrado.

A primeira coisa que pensei foi: *Graças a Deus, não estou morta.*

Mas não tinha ideia de onde estava ou de quem eram aquelas pessoas.

Elas falavam inglês, embora cada uma parecesse de um país diferente. Tentei falar, já que sabia inglês, mas nenhum som saiu. Parecia haver algum tipo de tubo na minha garganta, que roubara minha voz.

Estava em uma cama alta, e ao meu redor havia máquinas complexas bipando e zunindo. Então entendi. Era um hospital.

Entrei em pânico e senti um aperto no coração. Se eu estava em um hospital, onde estavam meus pais? Meu pai estava ferido? Ele estava vivo? Alguma coisa tinha acontecido comigo, eu sabia. Mas estava certa de que alguma coisa também tinha acontecido com meu pai.

Uma mulher simpática que usava um lenço veio até mim. Ela me disse que seu nome era Rehanah e que ela era a capelã muçulmana. Começou a rezar em urdu. Naquele instante me senti calma, consolada e segura. Enquanto ouvia as belas e tranquilizadoras palavras do Sagrado Corão, fechei os olhos e adormeci.

Quando abri os olhos, vi que estava em um cômodo verde sem janelas e com luzes muito fortes. A muçulmana simpática não estava mais ali; um médico e uma enfermeira estavam em seu lugar.

O médico falou comigo em urdu. Sua voz estava abafada, como se falasse de muito longe. Ele me disse que eu estava a salvo e que tinha me trazido do Paquistão. Tentei falar, mas não consegui, então tentei traçar letras na mão, pensando que poderia soletrar uma pergunta. A enfermeira saiu e voltou com um pedaço de papel e uma caneta, mas não consegui escrever direito. Queria dar o telefone do meu pai a eles, queria escrever uma pergunta, mas saía tudo embolado. Então a enfermeira escreveu o alfabeto em um pedaço de papel e apontei as letras.

A primeira palavra que soletrei foi *pai*. Depois *país*.

Onde estava meu pai? Queria saber. E que país era aquele?

Ainda era difícil ouvir a voz do médico, mas ele parecia dizer que eu estava em um lugar chamado Birmingham. Não sabia onde era. Só mais tarde descobri que era na Inglaterra.

Ele não disse nada sobre meu pai. Por que não? Alguma coisa tinha acontecido com ele. Só podia ser isso. Na minha cabeça, aquele médico tinha me encontrado no acostamento e não sabia que meu pai também estava ferido. Ou não sabia onde encontrá-lo. Eu queria dar o telefone do meu pai para que pudesse ligar e dizer: "Sua filha está aqui".

Me movimentei bem devagar para soletrar *pai* mais uma vez, e uma dor terrível cortou minha cabeça. Era como se uma centena de lâminas estivessem dentro do meu crânio, batendo umas nas outras e fazendo barulho. Tentei respirar. Então a enfermeira se aproximou e enxugou minha orelha esquerda com um pedaço de gaze. Saiu sangue no tecido. Minha orelha estava sangrando. O que aquilo queria dizer? Tentei levantar a mão e tocar a orelha, mas percebi, como se estivesse muito distante, que minha mão não estava se movimentando como devia. O que tinha acontecido comigo?

Enfermeiros e médicos entravam e saíam. Ninguém me

contava nada. Em vez disso, faziam perguntas. Eu respondia com a cabeça. Perguntaram se eu sabia meu nome. Fiz que sim. Perguntaram se conseguia mexer a mão esquerda. Fiz que não. Faziam tantas perguntas, mas não respondiam as minhas.

Era demais. As perguntas, a dor de cabeça, a preocupação com meu pai. Quando fechava os olhos, não via escuridão, só uma luz muito clara, como se o sol estivesse brilhando sob minhas pálpebras. Perdia e recobrava a consciência, mas nunca parecia dormir. Sentia apenas os longos períodos acordada, a cabeça cheia de dores e de perguntas, e o nada.

O quarto em que eu estava era na UTI e não tinha janelas, então eu nunca sabia se era dia ou noite. Só sabia que ninguém tinha respondido minha pergunta frequente: onde estava meu pai?

Mas às vezes uma nova pergunta aparecia quando eu olhava em volta e via todos os equipamentos médicos: quem ia pagar por aquilo?

Uma mulher entrou e me disse que seu nome era dra. Fiona Reynolds. Conversou comigo como se fôssemos velhas amigas. Ela me deu um urso de pelúcia verde — achei uma cor estranha para um urso de pelúcia — e um caderno rosa. A primeira coisa que escrevi foi *Obrigada*.

Então escrevi: *Por que meu pai não está aqui?*

E: *Meu pai não tem dinheiro. Quem vai pagar por tudo isso?*

— Seu pai está bem — ela disse. — Ele está no Paquistão. Não se preocupe com o dinheiro.

Se meu pai estava bem, por que não estava aqui? E onde estava minha mãe?

Eu tinha mais perguntas para a dra. Fiona, mas as palavras de que precisava não me vinham à cabeça. Ela parecia entender.

— Uma coisa ruim aconteceu com você — disse. — Mas está a salvo agora.

O que tinha acontecido? Eu tentava lembrar. Todo tipo de

imagem flutuava na minha cabeça. Eu não sabia o que era real e o que era sonho.

Estou em um ônibus com meu pai, e dois homens atiram em nós.

Vejo uma multidão reunida ao meu redor, estou deitada em uma cama, ou talvez em uma maca. Não vejo meu pai e tento gritar: *Onde está* aba*? Onde está meu pai?* Mas não consigo falar. Então o vejo e me encho de alegria e alívio.

Sinto alguém sobre mim, um homem, suas mãos perto do meu pescoço, prontas para me sufocar.

Estou em uma maca, e meu pai tenta chegar até mim.

Tento acordar, ir para a escola, mas não consigo. Então vejo a escola e minhas amigas, mas não consigo alcançá-las.

Vejo um homem de preto apontando uma arma para mim.

Vejo médicos tentando enfiar um tubo na minha garganta.

Digo a mim mesma: *Você está morta.* Mas então percebo que o anjo ainda não veio fazer as perguntas que um muçulmano ouve após a morte: *Quem é seu deus? Quem é seu profeta?* Então percebo que não posso estar morta, e luto e me debato e chuto e tento acordar desse pesadelo terrível.

Aquelas imagens pareciam muito reais, mas eu sabia que nem todas poderiam ser. De algum jeito eu tinha ido parar naquele lugar chamado Birmingham, em um quarto cheio de máquinas, com nada mais que um urso de pelúcia verde ao meu lado.

25. Problemas, soluções

Naqueles primeiros dias no hospital, minha mente oscilava entre um mundo real e um mundo de sonhos. Eu achava que tinha sido baleada, mas não tinha certeza — era sonho ou memória?

Esquecia as palavras também. Escrevia para os enfermeiros pedindo um *fio para limpar os dentes*. Sentia uma dor de cabeça latejante e incessante; via tudo dobrado; quase não conseguia ouvir; não podia mexer o braço esquerdo ou fechar o olho esquerdo — mas, por algum motivo, tudo o que eu queria fazer era passar fio dental.

— Está tudo bem com seus dentes — os médicos diziam. — Mas sua língua está amortecida.

Eu tentava fazer que não com a cabeça. Não, eu queria explicar, tinha alguma coisa presa nos meus dentes. Mas fazer que não com a cabeça disparava a dor, então eu ficava quieta. Não conseguia convencê-los. E eles não conseguiam me convencer.

Então vi que meu urso de pelúcia verde não estava mais lá. Um branco tinha tomado seu lugar. Sentia um carinho especial pelo urso verde, pois ele estava ao meu lado naquele primeiro dia; ele tinha me ajudado.

Peguei o caderno e escrevi: *Onde está o urso verde?*

Ninguém me dava a resposta que eu queria. Diziam que era o mesmo urso que estava ao meu lado no primeiro dia. As luzes e as paredes tinham dado a ele um brilho verde, mas o urso era branco. Sempre tinha sido.

As luzes fortes do quarto eram torturantes, pareciam facas quentes e brancas entrando em meus olhos, principalmente o pobre olho esquerdo, que não fechava. *Apaguem as luzes*, eu implorava em meu caderno.

Os enfermeiros faziam o que podiam para escurecer o quarto, mas, assim que eu sentia algum alívio da dor, meus pensamentos iam para papai. *Meu pai?*, escrevia mais uma vez no caderno. Quando você não consegue se mexer, nem ouvir nem ver direito, a mente gira e gira — e a minha acabava sempre na mesma pergunta. Onde estava meu pai?

Sempre que um médico ou enfermeiro diferente vinha até o quarto para trocar meu cobertor ou examinar minha visão, eu entregava o caderno e apontava para a pergunta sobre meu pai. Todos diziam para eu não me preocupar.

Mas eu me preocupava, não conseguia evitar.

Também estava obcecada em saber como pagaríamos por aquilo tudo. Sempre que via os médicos e os enfermeiros conversando, tinha certeza de que falavam:

— Malala não tem dinheiro. Ela não pode pagar pelo tratamento.

Um dos médicos parecia estar sempre triste, então escrevi para ele: *Por que você está triste?* Achava que era porque ele sabia que eu não poderia pagar. Mas o médico respondeu:

— Não estou triste.

Quem vai pagar?, escrevi. *Não temos dinheiro.*

— Não se preocupe. O governo do seu país vai pagar — ele explicou.

Depois disso, passou a sorrir ao me ver.

Então uma nova preocupação tomou conta de mim. Meus pais sabiam onde eu estava? Talvez estivessem andando pelas ruas e pelos becos de Mingora procurando por mim. Mas sou uma pessoa esperançosa, então onde vejo problemas sempre

Na tumba de Mohammad Ali Jinnah, fundador do Paquistão.

Com meu pai no Palácio Branco, no Swat.

Escola bombardeada no Swat.

O ônibus onde fui baleada.

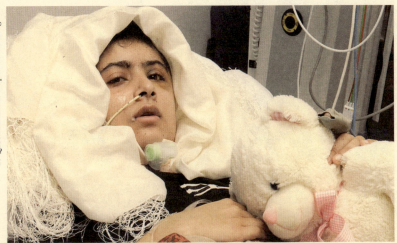

Primeiros dias no hospital em Birmingham.

Recebi cartas e cartões de pessoas do mundo todo.

Lendo no hospital.

A equipe do hospital mantinha um caderno de mensagens para mim. Este foi o primeiro registro.

Querida Malala,
Assalamu alaykum!

Você dormiu esta noite após uma longa jornada que se iniciou no Paquistão.

Recitei a Surah yasin *para você, rezando para que Alá te conceda uma recuperação completa.*

Não quero deixá-la, mas preciso ir para casa.

Não vejo a hora de voltar pela manhã para te ver e rezar por você mais uma vez. Você é a jovenzinha mais corajosa que já conheci! Seus pais devem estar muito orgulhosos — você é uma honra incrível para eles...

Rehanah

Minhas amigas guardaram um lugar na escola para mim.

Com meu pai e Atal na Caaba, em Meca.

Palestrando no dia do meu 16º aniversário, que a ONU declarou Dia Malala.

Na ONU com (da esquerda para a direita) Vuk Jeremić, presidente da sexagésima sétima sessão da Assembleia Geral; o secretário-geral Ban Ki-moon; e Gordon Brown, enviado especial da ONU para a educação.

No campo de refugiados de Zaatari, na Jordânia, com Mazoun, uma refugiada síria e defensora da educação de quinze anos.

Com refugiadas sírias, rezando por um futuro iluminado e pacífico.

Com meu pai e Shiza Shahid distribuindo material escolar para crianças sírias em um assentamento na Jordânia.

A família toda no nosso novo lar, em Birmingham.

busco soluções. Pensei em ir até a recepção do hospital pedir para ligar para casa.

Mas percebi que não tinha dinheiro para pagar por uma ligação tão cara. E nem sabia como ligar para o Paquistão de onde estava. Aí pensei: *Preciso sair e começar a trabalhar para ganhar dinheiro para poder ligar para minha família para que possamos nos reunir de novo.*

A dra. Fiona entrou no quarto e me entregou um recorte de jornal. Era uma foto de papai ao lado do chefe do Exército do Paquistão. Meu pai estava vivo! E no fundo da foto estava Atal!

Sorri. Alguma coisa ruim tinha acontecido comigo. Mas eu estava viva e agora sabia que meu pai também estava. Era um motivo para agradecer.

Então percebi uma pessoa vestindo um xale sentada ao fundo, perto do meu irmão. Só conseguia ver seus pés. Eram da minha mãe!

Essa é minha mãe!, escrevi para a dra. Fiona.

Naquela noite dormi um pouco melhor, mas tive vários sonhos estranhos. Sonhei que estava em uma cama cercada de muitas pessoas. Sonhei que era baleada. Sonhei com bombas explodindo. Acordava e procurava pelo urso verde. Mas era sempre o branco que estava lá.

Agora que sabia que minha família estava a salvo, passava todo o tempo me preocupando com o pagamento do tratamento. Obviamente meu pai estava em casa porque estava vendendo tudo o que tínhamos para pagar por tudo aquilo. Nossa casa era alugada; o prédio da escola também. Mesmo que vendesse tudo o que tínhamos, nunca seria suficiente. Ele estava pegando dinheiro emprestado? Estava ligando para os amigos para pedir empréstimos?

Mais tarde, naquele mesmo dia, o homem que falou comigo em urdu, o dr. Javid Kayani, entrou com um celular.

— Vamos ligar para seus pais — ele disse com naturalidade.

Eu não conseguia acreditar.

— Você não vai chorar — ele disse com segurança. — Não vai choramingar. Vai ser forte. Não queremos que sua família se preocupe.

Concordei com a cabeça. Não tinha chorado nenhuma vez. Meu olho esquerdo estava sempre lacrimejando, mas eu não tinha chorado.

Depois de uma série de toques e bipes, ouvi a voz querida e familiar de papai.

— *Jani?* — ele disse. — Como você está, minha *jani?*

Não conseguia responder por causa do tubo na minha garganta. E não conseguia sorrir porque meu rosto estava amortecido. Mas estava sorrindo por dentro, e sabia que meu pai sabia disso.

— Vou chegar logo — meu pai disse. — Descanse, e em dois dias estaremos aí.

A voz dele era alta e clara. Talvez um pouco clara demais.

Então percebi: também tinham falado para ele não chorar.

26. Cem perguntas

Escrevi uma palavra nova em meu caderno rosa: *espelho*.

Quando meu desejo foi realizado e os enfermeiros trouxeram um espelhinho branco, fiquei surpresa com o que vi. Metade da minha cabeça estava raspada; meu cabelo comprido não estava mais ali. Havia pontos ao longo da minha sobrancelha esquerda. Um hematoma roxo e amarelo enorme cercava meu olho esquerdo. Meu rosto estava inchado, do tamanho de um melão. E o canto esquerdo da minha boca estava caído.

Quem é essa pobre e distorcida Malala? O que aconteceu com ela?

Eu estava confusa, mas não estava triste. Só curiosa. E não sabia expressar o que estava sentindo.

Tudo o que pude escrever foi: *Meu cabelo está curto*.

O Talibã raspou minha cabeça?, perguntei a mim mesma.

Quem fez isso comigo?, escrevi, as letras embaralhadas. *O que aconteceu comigo?*

A dra. Fiona repetiu o que sempre dizia:

— Uma coisa ruim aconteceu com você, mas está a salvo agora.

Daquela vez não foi suficiente. Apontei as palavras que tinha acabado de escrever: *Levei um tiro?* Não conseguia mexer o lápis rápido o suficiente para acompanhar as perguntas que surgiam na minha cabeça. Mais alguém se machucou?, pensei. Foi uma bomba?

Estava ficando frustrada com a dor de cabeça, a memória ruim e o tubo na garganta que não me deixava falar. Comecei a me contorcer. Ia sair dali e achar um computador para poder ver meus e-mails e perguntar a alguém o que tinha acontecido. Reparei no celular no cinto da dra. Fiona e fiz sinal dizendo que o queria — fingi discar na mão e colocar o telefone no ouvido.

A dra. Fiona colocou a mão com gentileza em meu pulso e respirou fundo. Então começou a falar, bem devagar e com calma.

— Você levou um tiro — disse. — No ônibus da escola, voltando para casa.

Então eles fizeram isso, pensei. O Talibã fez mesmo o que disse que faria. Eu estava furiosa. Não por terem atirado em mim. Por não ter tido uma chance de conversar com eles. Agora nunca ouviriam o que eu tinha a dizer.

— Duas outras meninas se machucaram — a dra. Fiona continuou. — Mas estão bem. Shazia e Kainat.

Não reconheci os nomes. Ou, se reconheci, não conseguia lembrar quem eram.

Ela explicou que a bala tinha arranhado minha têmpora, perto do olho esquerdo, e viajado 45 centímetros para baixo, até chegar ao ombro esquerdo, onde parou. Poderia ter arrancado meu olho ou acertado meu cérebro, a dra. Fiona disse.

— É um milagre você estar viva.

Tentei falar, mas lembrei que não podia.

Peguei o espelho e apontei para pontinhos pretos próximos da minha têmpora.

Ela fez uma leve careta.

— Pólvora.

Levantei a mão e mostrei mais pontos pretos nos dedos da mão esquerda.

— Pólvora também — a médica disse. — Você deve ter levantado a mão para cobrir o rosto na hora.

Admito que costumava ser sensível quanto à minha aparência. Nunca estava satisfeita. Meu nariz era muito grande. Eu tinha pontos pretos engraçados no rosto. Minha pele era muito escura. Até meus dedões dos pés eram muito compridos.

Mas olhei para a Malala no espelho com nada além de curiosidade. Era como um cientista estudando um espécime. Queria entender exatamente o que tinha acontecido, aonde a bala tinha ido, o que ela tinha causado. Estava fascinada com o que via.

Não estava triste. Não estava assustada. Só pensava: *Minha aparência não importa. Estou viva.* Eu estava grata.

Olhei para a dra. Fiona. Ela tinha colocado uma caixa de lenços entre nós, então percebi que esperava que eu chorasse. Talvez a velha Malala tivesse chorado. Mas, quando quase perdemos a vida, um rosto engraçado no espelho é simplesmente a prova de que ainda estamos aqui na Terra. Eu só queria saber mais sobre o que a bala tinha causado. Passou pelo meu cérebro? Era por isso que eu não ouvia direito? Por que não conseguia fechar o olho esquerdo? E o que tudo isso tinha a ver com o que estava acontecendo com meu braço esquerdo?

Eu tinha uma centena de perguntas para fazer à dra. Fiona, mas fiz uma só: *Quando posso ir para casa?*

27. Matando o tempo

Certo dia outra Fiona veio até meu quarto. Seu nome era Fiona Alexander e ela disse que era encarregada da assessoria de imprensa do hospital. Achei isso engraçado; não conseguia imaginar o hospital do Swat com uma assessoria de imprensa.

Fiona disse que o hospital gostaria de tirar uma foto minha. Aquilo então eu achei *muito* engraçado. Por que alguém ia querer uma foto minha do jeito que eu estava?

Fiona perguntou mais uma vez se podiam tirar minha foto. Eu não entendia o porquê de uma foto do meu rosto inchado em uma cama de hospital, mas todos eram tão simpáticos, e eu queria retribuir. E pensei que se meus pais vissem uma foto minha talvez ficassem mais esperançosos e viessem até mim mais rápido. Concordei, mas fiz duas exigências: um xale para que pudesse cobrir os cabelos e que tirassem a foto do meu lado direito. O lado esquerdo do meu rosto ainda não queria cooperar.

O pior no hospital era o tédio. Enquanto esperava minha família, olhava para o relógio no quarto. O movimento dos ponteiros me dava a certeza de que estava mesmo viva e me ajudava a contar os minutos até a chegada da minha família. O relógio sempre foi meu inimigo em casa — roubava meu sono pela manhã, quando tudo o que eu queria era me esconder embaixo do cobertor. Não via a hora de contar para minha família que finalmente havia feito as pazes com ele — e pela primeira vez na vida estava acordando cedo! Todos os dias, esperava ansiosa pelas sete da manhã, quando amigos como Yma, que trabalhava no hospital, e enfermeiros do hospital infantil vinham me ajudar a matar o tempo.

Quando minha visão melhorou, eles trouxeram um aparelho de DVD e uma pilha de filmes.

Nos primeiros dias, ligaram a TV para mim — assisti à BBC por alguns minutos, estavam falando sobre as eleições americanas entre o presidente Barack Obama e aquele outro homem, depois mudaram para o *MasterChef*, que eu já tinha assistido no Paquistão — mas minha visão ainda estava tão embaçada que pedi que desligassem e não quis mais assistir à TV.

Mas agora minha visão estava melhor, embora eu ainda visse as coisas em dobro. Pude escolher entre *Driblando o destino*, *High School Musical*, *Hannah Montana* e *Shrek*. Escolhi *Shrek*. Gostei tanto que assisti à sequência logo em seguida.

Uma enfermeira descobriu que se cobrisse meu olho esquerdo com um tampão de algodão minha visão não ficava tão ruim. Enquanto isso, meu ouvido esquerdo continuava sangrando e minha cabeça latejando. Passei o dia com um ogro verde e um burro falante enquanto esperava que meus pais viessem à Inglaterra.

No quinto dia, tiraram o tubo da minha garganta e recuperei minha voz. Acho que também foi nesse dia que coloquei a mão na barriga e senti uma coisa estranha. Tinha um calombo duro embaixo da pele.

— O que é isto? — perguntei a uma enfermeira.

— É a parte de cima do seu crânio — ela respondeu.

Eu estava certa de que tinha entendido errado. Entre a audição ruim e o problema que tinha com as palavras, entendi que a parte de cima do meu crânio estava na minha barriga!

A dra. Fiona veio explicar. Quando a bala atingiu minha têmpora, fraturou o osso, e lascas foram parar no revestimento externo do meu cérebro, que inchou com o choque. Os médicos do Paquistão removeram um pedaço do meu crânio para permitir que expandisse. E, para manter o osso saudável, eles o colocaram embaixo da pele do meu abdômen.

Eu tinha muitas perguntas para a dra. Fiona; era como estar de volta às aulas de biologia na escola. Quis saber exatamente como tinham removido parte do meu crânio.

— Com uma serra — a dra. Fiona respondeu.

— O que aconteceu depois disso? — perguntei.

A dra. Fiona explicou que a cirurgia tinha sido um sucesso, mas que eu tinha desenvolvido uma infecção e que minha condição começou a piorar. Os rins e os pulmões começaram a falhar, e logo eu estava à beira da morte. Então os médicos me colocaram em coma induzido; assim poderiam me mandar de avião para a Inglaterra, onde tinham mais condições de me ajudar.

— Você veio em um jatinho particular — ela disse.

— Jatinho particular? Como você sabe? — perguntei.

— Porque eu estava no voo com você.

Mais tarde descobri que os Emirados Árabes Unidos tinham oferecido o avião, que tinha um hospital a bordo.

A dra. Fiona explicou que ela e o dr. Javid estavam no Paquistão auxiliando os médicos do Exército na implantação de um sistema de transplante de fígado. Pediram ao dr. Javid que ajudasse no meu caso, e ele levou a dra. Fiona, já que ela era especialista em tratamento pediátrico de emergência. A dra. Fiona admitiu que ficou um pouco nervosa por ter que voar até Peshawar, porque a cidade era perigosa para estrangeiros. Mas, quando descobriu que eu era uma ativista pelos direitos das meninas, fez questão de ir.

Ela e o dr. Javid disseram aos médicos no Paquistão que eu não sobreviveria se não fosse transferida para um hospital mais bem equipado, então meus pais concordaram em deixar que eu fosse com eles. A dra. Fiona e o dr. Javid ficaram ao meu lado por quase duas semanas. Não é de admirar que me tratassem como se me conhecessem desde sempre.

A dra. Fiona tinha que ir cuidar de outros pacientes, crianças que estavam mais doentes do que eu, mas eu tinha uma última pergunta:

— Fiquei em coma por quanto tempo?

— Uma semana.

Perdi uma semana da minha vida. Nesse tempo, levei um tiro, fui operada, quase morri e voei até o outro lado do mundo. A primeira vez que saí do Paquistão foi em um jatinho particular para que salvassem minha vida.

O mundo seguiu sem mim, e agora eu não sabia nada sobre ele. Me perguntei o que mais teria perdido.

28. Estamos todos aqui agora

Quando tiraram o tubo da minha garganta, liguei mais uma vez para papai — e agora podia falar. Ele tinha dito que estaria ao meu lado em dois dias. Mas dois dias haviam virado quatro.

O dr. Javid conseguiu uma terceira ligação para o Paquistão. Papai prometeu que a família inteira estaria comigo logo — só mais um dia.

— Por favor, traga minha mochila da escola — implorei. — As provas vão começar.

Achava que logo estaria em casa e que voltaria a competir pelo primeiro lugar.

No dia seguinte, o décimo no hospital, fui transferida da UTI para outro quarto, que tinha janela.

Eu esperava que Birmingham parecesse com as cidades que via na televisão. Como Nova York, com prédios altos, carros, muito trânsito, homens de terno e mulheres andando pelas ruas. Mas, quando olhei para fora, tudo o que vi foi um céu chuvoso da cor de uma chaleira velha. Lá embaixo havia casas, bonitas e uniformes, calmas e organizadas. Nunca tinha imaginado um país onde as casas eram todas iguais. Um país onde parecia não haver sol. Onde estavam as montanhas? As cachoeiras?

Mais tarde naquele dia, o dr. Javid me disse que meus pais estavam vindo. Só acreditei quando ele levantou a cama para que eu estivesse sentada para cumprimentá-los quando chegassem. Já fazia dezesseis dias que tinha saído correndo da minha casa em Mingora, gritando tchau a caminho da escola. Durante esse tempo, estivera em quatro hospitais — primeiro em Mingora, depois em Peshawar, depois em Rawalpindi e finalmente em Birmingham — e viajara milhares de quilômetros. Conhecera médicos, enfermeiros e outros funcionários maravilhosos do hospital. Não tinha chorado nenhuma vez. Nem quando os enfermeiros tiraram os grampos da minha cabeça, nem quando suas agulhas perfuraram minha pele, nem quando a luz parecia facas entrando em meus olhos.

Mas quando a porta abriu e ouvi vozes familiares dizendo *jani* e *pisho*, e quando todos caíram em cima de mim, chorando e beijando minhas mãos porque tinham medo de me tocar, chorei. Chorei e chorei e chorei mais um pouco. Ah, como eu chorei.

Pela primeira vez na vida eu estava feliz em ver meus irmãozinhos irritantes.

Finalmente, depois de dezesseis dos dias mais assustadores das nossas vidas, estávamos juntos de novo.

Quando todos paramos de chorar, ficamos um minuto olhando uns para os outros. Fiquei chocada com a aparência envelhecida e cansada dos meus pais. Estavam exaustos da longa viagem desde o Paquistão, mas não era só isso. De repente vi que tinham cabelos brancos e rugas. Será que sempre tinha sido assim? Ou a provação fizera com que, de alguma forma, envelhecessem?

Percebi que também estavam chocados com a minha aparência. Tentavam esconder, mas eu via a preocupação em seus olhos. Tocavam em mim com cuidado, como se eu pudesse quebrar. E quem poderia culpá-los? Eu sabia, desde que me vira no espelho, que metade do meu rosto não respondia. O inchaço tinha diminuído, mas o olho esquerdo estava saltado, metade do cabelo tinha sumido e minha boca estava caída de um lado.

Eu estava tão feliz de ter minha voz de volta que não tinha percebido que só conseguia falar frases simples, como uma criança de três anos. Foi só quando vi a expressão de surpresa no rosto de Atal que percebi como devia estar falando estranho.

Tentei sorrir para acalmá-los. *Não se preocupem*, queria dizer. *A velha Malala ainda está aqui.*

Mas, quando sorri, algo sombrio escureceu o rosto de mamãe. Achei que eu estava sorrindo, mas meus pais viram uma coisa que parecia uma carranca torta e estranha.

— *Aba*, quem eram aquelas pessoas? — perguntei.

Ele entendeu o que eu estava perguntando — queria saber dele quem tinha feito aquilo comigo.

— *Jani*, não faça essas perguntas. Está tudo bem. Estamos todos aqui agora.

Então meu pai perguntou como eu estava me sentindo, e se as dores de cabeça tinham ido embora.

Eu sabia que ele estava tentando mudar de assunto e, apesar de querer que respondesse, deixei.

Meu pai, meu pai pachtum orgulhoso, não era mais o mesmo. Era quase como se tivesse sido baleado também; parecia experimentar uma dor física.

Quando estávamos sozinhos, um dia, ele pegou minha mão.

— *Jani* — disse —, pegaria para mim todas as suas cicatrizes, todos os minutos de sofrimento, se pudesse. — Seus olhos se encheram de lágrimas. — Fui ameaçado muitas vezes. Você recebeu a bala que era para mim. Deveria ter sido eu. — Depois, ele disse: — As pessoas vivenciam a alegria e o sofrimento na vida. Você teve todo o sofrimento de uma vez, e o resto de sua vida será cheio de alegria. — E não pôde mais continuar.

Mas meu pai não precisava dizer mais nenhuma palavra.

Eu sabia que estava sofrendo também. Ele nunca duvidou da nossa causa — mas ela tinha levado sua filha à beira da morte.

Como o mundo pode ser injusto às vezes. Lá estava eu, uma menina que tinha falado para câmeras do mundo inteiro, mas meu pobre cérebro lesado não conseguia pensar em palavras para dizer à pessoa que mais amava no mundo.

Não estou sofrendo, aba, eu queria dizer a ele. *E você também não precisa sofrer.*

Abri meu sorriso torto e disse, simplesmente:

— Aba.

Meu pai sorriu de volta através das lágrimas. Tinha certeza que ele sabia exatamente o que eu estava pensando. Não precisávamos de palavras. Compartilhamos cada passo da jornada que, de alguma forma, nos levara até aquele quarto de hospital. E compartilharíamos cada passo adiante.

Um tempinho depois, mamãe se juntou a nós. Eu começava a dar uns poucos passos, mas ainda precisava de ajuda para ir ao banheiro. Desde aquele primeiro dia, ela tentava não olhar para meu rosto. Mas, enquanto me levava até o banheiro, percebi que deu uma olhada em meu reflexo no espelho. Nossos olhos se encontraram por um instante, então minha mãe desviou o olhar.

Veio um sussurro:

— Seu rosto — ela disse. — Vai melhorar?

Eu contei a ela o que os médicos me disseram: eu teria que passar por várias cirurgias e meses de fisioterapia, mas meu rosto ia melhorar. Só que eu nunca seria a mesma de antes.

Quando mamãe me levou de volta para a cama, olhei para meus pais.

— É meu rosto — disse. — E eu o aceito. Agora vocês precisam aceitá-lo também — concluí com carinho.

Havia muito mais coisas que eu queria dizer a eles. Tive tempo de me acostumar ao meu novo rosto. Mas era um choque para meus pais. Queria que soubessem que eu não ligava para minha aparência. Eu, que passava horas mexendo no cabelo e me preocupando com minha altura! *Quando a gente encara a morte*, eu queria dizer, *as coisas mudam*. Não importava se eu não conseguia piscar ou sorrir. Ainda era eu, Malala.

— Meu rosto não importa — eu disse. — Deus me deu uma vida nova.

A recuperação foi uma bênção, um presente de Deus e de todas as pessoas que tinham carinho e oravam por mim. E eu estava em paz. Mas, enquanto assistia em Birmingham a Shrek e seu burro falante, meus pobres pais estavam a milhares de quilômetros de distância, suportando sua própria dor terrível.

Eu me curava enquanto eles sofriam. Mas, a partir daquele dia, nossa família começou a se curar unida.

29. Preenchendo as lacunas

Nos próximos dias meus pais me atualizaram sobre o que tinha acontecido nos dezesseis dias entre o ataque e nosso reencontro.

O que descobri foi o seguinte:

Assim que o motorista do ônibus, Usman Bhai Jan, percebeu o que tinha acontecido, foi direto ao Hospital Central do Swat. As outras meninas gritavam e choravam. Eu estava deitada no colo de Moniba, sangrando.

Papai estava em uma reunião da Associação de Escolas Particulares e tinha acabado de subir ao palco para fazer um discurso. Quando terminou e descobriu o que tinha acontecido, correu para o hospital. Ele me encontrou lá dentro, deitada em uma maca, com um curativo na cabeça, os olhos fechados, o cabelo desarrumado.

— Minha filha, você é minha filha valente, minha filha linda — ficou repetindo para mim, como se com isso pudesse me acordar.

Acho que, de alguma forma, eu sabia que ele estava lá, embora estivesse inconsciente.

Os médicos disseram a ele que a bala não tinha chegado ao cérebro e que o ferimento não era sério. Logo o exército assumiu o comando e às 15 horas eu estava em uma ambulância a caminho de um helicóptero que me levaria a outro hospital, em Peshawar. Não havia tempo para esperar por minha mãe, então a sra. Maryam, que chegou ao hospital logo depois de papai, insistiu em ir comigo caso eu precisasse da ajuda de uma mulher.

De início, disseram a mamãe que eu tinha levado um tiro no pé. Depois contaram que tinha sido na cabeça. Vizinhos se reuniram em nossa casa em prantos quando souberam o que tinha acontecido.

— Não chorem — ela disse. — Rezem.

Quando o helicóptero sobrevoou nossa rua, minha mãe correu para o terraço. Enquanto via o helicóptero cruzar o céu, sabendo que eu estava lá dentro, tirou o lenço da cabeça, um gesto raro para uma pachtum, e o levantou para o céu, segurando-o com as duas mãos como se fosse uma oferenda.

— Deus, eu a confio a Ti.

O pobre do Atal ficou sabendo do ataque quando ligou a TV depois da escola. E percebeu que, se não tivesse feito birra para ir do lado de fora, também estaria no ônibus.

Horas depois, canais de TV paquistaneses transmitiam imagens minhas com orações e poemas. Enquanto isso acontecia, eu chegava ao Hospital Militar Combinado em Peshawar, onde um neurocirurgião chamado coronel Junaid me examinou e descobriu algo surpreendente: a bala ainda estava dentro de mim. Logo ele se deu conta de que o que os médicos do Swat tinham dito não estava certo — ela tinha, sim, passado muito perto do meu cérebro.

O neurocirurgião informou a meus pais que meu cérebro estava inchando e que ele teria que tirar parte do meu crânio para que pudesse expandir.

— Precisamos fazer a cirurgia agora para dar uma chance a ela.

Os seus superiores recebiam ordens para me enviar para fora do país imediatamente, mas o coronel Junaid manteve sua decisão — e essa decisão salvou minha vida.

Mamãe rezou durante as cinco horas de cirurgia. Assim que começou a rezar, ficou mais tranquila. A partir desse momento, soube que eu ficaria bem. Mas, dois dias depois de ter sido baleada, meu estado piorava. Papai estava tão convencido de que eu ia morrer que começou a imaginar o enterro. Tentava não pensar no passado e não se perguntar se tinha errado em me incentivar a soltar a voz e fazer campanha pela educação.

Dois médicos britânicos estavam perto da cidade, em Rawalpindi, e o Exército os trouxe para que me examinassem. Eram a dra. Fiona e o dr. Javid — e eles foram os próximos a salvar minha vida.

A dra. Fiona e o dr. Javid disseram que, se eu ficasse em Peshawar, teria danos cerebrais e morreria. Ficaram preocupados com a qualidade do tratamento; acharam que eu corria o risco de ter uma infecção. Embora estivesse com um voo de volta para Birmingham marcado, a dra. Fiona ficou e organizou tudo para que eu fosse levada de avião para outro hospital do Exército, em Rawalpindi.

A segurança foi reforçada nesse novo hospital devido à possibilidade de um novo ataque do Talibã. Minha família ficou em um abrigo militar próximo ao hospital e tinha pouco acesso a notícias do mundo exterior, porque lá não tinha internet. Eles ainda não sabiam que minha história tinha viajado o mundo todo e que as pessoas pediam que eu fosse enviada a outro país para receber tratamento. Somente quando um cozinheiro simpático do abrigo trouxe alguns jornais meus pais descobriram que o mundo inteiro sabia do ataque.

Raramente consultavam meus pais sobre o que deveria ser feito caso minha condição se tornasse grave. Todas as decisões eram tomadas pelo Exército. A dra. Fiona insistiu que eu fosse levada ao exterior para receber um tratamento melhor. Finalmente decidiram que eu iria para o hospital do dr. Javid em Birmingham, o Queen Elizabeth. Mas precisavam me transferir em 48 horas, no máximo 72. Minha mãe e meus irmãos, no entanto, não tinham passaporte, então o Exército disse a papai que ele teria de viajar sozinho comigo.

Era uma situação complicada. Se saísse do país comigo,

estaria deixando a mulher e os filhos em Rawalpindi, correndo o risco de serem atacados. Então fez uma escolha:

— O que aconteceu com minha filha aconteceu — disse ao dr. Javid. — Agora ela está nas mãos de Deus. Preciso ficar com o restante da família.

O dr. Javid o assegurou de que cuidariam de mim.

— Não é um milagre vocês estarem aqui quando Malala foi baleada? — meu pai comentou.

— Acredito que Deus envia a solução primeiro e o problema depois — o dr. Javid respondeu.

Papai então assinou um documento tornando a dra. Fiona minha guardiã legal para a viagem ao Reino Unido. Ele estava em prantos quando entregou meu passaporte.

Embora eu não me lembre de nada, meus pais se despediram de mim às 23 horas do dia 14 de outubro. Foi a última vez que me viram no Paquistão e não me veriam novamente por onze dias. Papai não queria que eu acordasse em um país estranho sem minha família. Estava preocupado, eu poderia ficar confusa, me sentir abandonada. Mas achava que os passaportes e vistos estavam sendo providenciados e que logo estaríamos juntos.

Ele não fazia ideia de que um oficial do governo havia adiado a partida porque queria viajar com eles. A espera parecia não ter fim.

Foi durante os primeiros dias em Peshawar, em meio ao horror e à tristeza, que meu pai perguntou à minha mãe:

— A culpa é minha?

— Não, *khaista* — ela respondeu. — Você não mandou Malala roubar nem matar nem cometer crimes. Era uma causa nobre. Não deve se culpar. Quem deveria se envergonhar é o Talibã, por atirar em uma criança, e o governo, por não a proteger.

O Talibã havia emitido uma declaração dizendo que tinham atirado em mim porque minha campanha era "uma obscenidade". Disseram que dois homens locais coletaram informações sobre mim e meu caminho até a escola e realizaram o ataque próximo a um posto de controle de Exército de propósito, para mostrar que podiam agir em qualquer lugar. Sua marca registrada era matar com tiros na cabeça.

Shazia e Kainat, as outras duas meninas que foram baleadas naquele dia, também estavam se recuperando. O braço de Kainat fora atingido de raspão por uma bala, e Shazia fora atingida na mão e na clavícula esquerda. Duas balas, três ferimentos.

Eu tinha perdido tanto! No entanto, enquanto meus pais contavam tudo o que havia acontecido durante o coma ou minha estada no quarto de hospital sem janelas, era quase como se estivessem falando de outra pessoa. Parecia que essas coisas tinham acontecido com alguma outra menina, não comigo.

Talvez porque não me lembrasse de nada do ataque. Nadinha.

Os médicos e enfermeiros davam explicações complicadas para minha falta de memória. Diziam que o cérebro nos protege de lembranças muito dolorosas. Ou que meu cérebro poderia ter desligado assim que fui ferida. Amo a ciência, e não tem nada que eu ame mais do que fazer pergunta atrás de pergunta para entender como as coisas funcionam. Mas não preciso dela para entender por que não me lembro do ataque. Sei por quê: Deus é bom para mim.

As pessoas não entendem quando digo isso. Acho que quem nunca esteve à beira da morte não consegue entender mesmo. Mas a morte e eu estivemos muito próximas. E a morte, pelo que parece, não me quis.

Aparentemente, muitas pessoas tentaram me visitar. Jornalistas, celebridades e alguns políticos. Mas o hospital manteve todos do lado de fora para que eu pudesse me curar com privacidade.

Um dia um ministro importante do Paquistão veio e se encontrou com papai.

Ele disse que o governo tinha virado o país de cabeça para baixo para encontrar o homem que atirara em mim. Papai segurou a língua, mas sabia que eram palavras vazias. Nunca descobriram nem mesmo quem matou Benazir Bhutto.

Somente uma pessoa foi presa depois do ataque — o coitado do nosso motorista. O Exército disse que o estavam segurando para poder identificar o atirador. Mas por que o prenderam, e não o atirador? Aquilo era loucura.

O ministro também perguntou a meu pai se eu poderia "dar um sorriso para a nação". Ele não sabia que essa era a única coisa que eu não podia fazer. Papai não estava feliz, mas, mais uma vez, segurou a língua. Ele, que ousou responder ao Talibã, estava aprendendo que às vezes não dizer nada é falar muito alto.

Quando finalmente assisti ao noticiário, descobri que um porta-voz de Fazlullah disse que o Talibã foi "forçado" a atirar em mim porque eu não parava de discursar contra eles.

Tinham me avisado, disseram à imprensa, mas eu me negava a parar.

Meus outros crimes? Eu defendia a educação e a paz. Segundo o Talibã, defendia a educação ocidental, que era contra o Islã, na opinião deles.

O Talibã tentaria me matar mais uma vez, disse Fazlullah.

— Que isso sirva de lição.

Foi uma lição, de fato. Mamãe estava certa quando citou o Sagrado Corão.

— A mentira tem que morrer, e a verdade tem que prevalecer — ela me dissera tanto tempo antes, quando eu estava pensando se devia escrever o diário para a BBC.

A verdade sempre triunfará sobre a mentira. Essa foi a verdadeira crença islâmica que nos guiou em nossa jornada.

O Talibã atirou em mim para me silenciar. Em vez disso, agora o mundo inteiro estava ouvindo minha mensagem.

30. Mensagens do mundo todo

Fiona Alexander me trouxe uma sacola de cartões. Era o Grande Eid, o feriado que minha família passava em Shangla. Então pensei: *Que legal, amigos me mandaram cartões*. Mas perguntei a mim mesma como eles sabiam onde eu estava.

Então percebi as datas de postagem: 16 de outubro, 17 de outubro. Os dias seguintes ao ataque. Aqueles cartões não tinham nada a ver com o Grande Eid. Eram de pessoas do mundo inteiro me desejando uma recuperação rápida. Muitos eram de crianças. Fiquei surpresa com o número deles naquela sacola.

— Você ainda não viu nada — Fiona disse.

Fiona contou que eu tinha recebido 8 mil cartas. Algumas estavam endereçadas simplesmente a "Malala, Hospital de Birmingham". Uma estava endereçada à "Menina que levou um tiro na cabeça, Birmingham".

Havia presentes também. Caixas de chocolates. E ursinhos de pelúcia de todos os tamanhos. Talvez o presente mais valioso de todos tenha sido o que os filhos de Benazir Bhutto enviaram. Dois lenços que tinham pertencido à mãe deles.

Havia mensagens de líderes governamentais, diplomatas e estrelas do cinema. Selena Gomez tuitou sobre mim, Beyoncé me desejou melhoras pelo Facebook e Madonna me dedicou uma música. Tinha até uma mensagem da Angelina Jolie. Foi emocionante, surpreendente e — como meu cérebro ainda não estava funcionando direito — confuso.

Como é que *Angelina Jolie* sabia quem eu era?

Enquanto eu estava em um quarto sem janelas, sem saber

o que estava acontecendo no mundo lá fora, o mundo lá fora sabia exatamente o que tinha acontecido comigo. Fiona me disse que mais de duzentos jornalistas do mundo todo tinham vindo ao hospital para me ver. Com exceção daquele dia em que tentei assistir à BBC, eu não tinha visto o noticiário desde o ataque. Mas agora entendia: *eu* era a notícia.

As pessoas oravam por mim. A dra. Fiona, o dr. Javid e todos os médicos e enfermeiros do Paquistão e da Inglaterra salvaram meu corpo. As orações e o apoio de todas aquelas pessoas salvaram minha vida.

Era incrível. Enquanto eu me sentia sozinha no hospital, me perguntava sobre minha família, me preocupava com o pagamento do tratamento, pessoas do mundo todo estavam preocupadas comigo! Não me senti mais tão sozinha.

Não via a hora de chegar em casa e contar a Moniba sobre Angelina Jolie!

31. Um dia agridoce

Os médicos operaram atrás da minha orelha — uma cirurgia que durou quase oito horas — para tentar reparar o nervo facial que tinha sido cortado pela bala. Era o nervo que permitia que eu abrisse e fechasse o olho esquerdo, levantasse a sobrancelha e sorrisse. Se não fizessem algo logo, disseram, meu rosto ficaria paralisado para sempre.

Foi uma cirurgia complicada. Primeiro, limparam o canal auditivo, tirando tecido cicatrizado e fragmentos de ossos; foi quando descobriram que meu tímpano tinha estourado. Por isso eu não escutava bem! Então fizeram o delicado trabalho de remover pedaços danificados do nervo e reconectá-lo.

Meu trabalho, depois da cirurgia, era fazer exercícios faciais na frente do espelho todos os dias. Quem diria que movimentos tão pequenos pudessem dar tanto trabalho? Passaram-se quatro meses até que eu conseguisse sorrir e piscar. Meus pais esperavam pelo momento em que eu poderia fazer essas coisas. Era meu rosto, claro, mas parecia que eram eles que ficariam mais felizes em tê-lo de volta!

Todos os dias eu fazia fisioterapia e tinha que me exercitar, para que meus braços e pernas voltassem a funcionar corretamente. Como era estranho ter que me esforçar tanto para fazer algo que costumava ser tão natural. As primeiras vezes em que tentei andar foram muito cansativas — era como atravessar uma montanha de neve.

Tinha se passado quase um mês desde o ataque. Minha família estava vivendo em um apartamento numa torre alta em

Birmingham e me visitava todos os dias. E, em um sinal claro de que a vida começava a voltar ao normal, meus irmãos estavam me deixando louca! Eu implorava aos meus pais:

— Deixem os dois em casa! Eles só ficam fazendo barulho e tentando pegar os presentes que ganhei.

Meus irmãos tinham pulado da fase de me tratar como uma boneca de porcelana (que durou somente um dia) para a de me provocar, importunar e, no geral, irritar.

— Por que todo esse alarde com a Malala? — Atal dizia. — Eu a vi. Ela sobreviveu.

Finalmente estava conseguindo ler de novo, e devorei *O mágico de Oz*, livro que ganhei do ex-primeiro-ministro do Reino Unido, Gordon Brown. Adorei a personalidade da Dorothy e fiquei impressionada com o fato de que, mesmo tentando encontrar o caminho de volta para casa, ela parava para ajudar aqueles que precisavam, como o Leão e o Homem de Lata. Para mim, a moral da história é que sempre haverá obstáculos na vida, mas, se a gente quer atingir um objetivo, precisa continuar.

As palavras e minha memória começaram a voltar também. Fiquei chocada quando vi o caderno rosa que a dra. Fiona tinha me dado e li as perguntas que havia escrito quando acordara. A maioria delas estava cheia de erros de ortografia e gramática. Ainda era difícil lembrar o nome de algumas das minhas amigas e não me lembrava de nada do ataque. Mas me esforçava para mostrar a todos o quanto estava melhorando.

O progresso era constante e meu humor melhorava a cada dia.

Finalmente, em dezembro, após quase dois meses dentro de hospitais, pude sair pela primeira vez. Estava com saudades dos montes verdejantes de meu vale, então Yma, que trabalhava no hospital, organizou um passeio ao Jardim Botânico de Birmingham. Mamãe e eu fomos com duas enfermeiras; papai não foi porque sua imagem era tão reconhecível, por causa da TV, que ele ficou com medo de atrair câmeras. Na ida, sentei no banco de trás do carro e virava a cabeça de um lado para o outro para absorver tudo daquele país que era novinho em folha para mim.

Eu não sabia como o tempo estaria lá fora. Esperava que houvesse sol, mas em vez disso fui recebida com vento forte e ar gelado. Não havia jaquetas e lenços suficientes para me manter aquecida!

Mas as plantas... eram maravilhosas. E estranhas. E familiares!

— Esta também tem no meu vale — eu dizia a uma enfermeira. — E esta também!

Estava tão feliz em ficar ao ar livre que demorei um pouco para perceber que, para todas as outras pessoas que estavam lá, era um dia normal.

Mamãe estava tão animada que ligou para meu pai.

— Pela primeira vez estou feliz — ela disse.

Dois dias depois, recebi minha primeira visita que não era da família — Asif Ali Zardari, presidente do Paquistão e viúvo de Benazir Bhutto. O hospital temia um circo da mídia, mas a visita era necessária. O sr. Zardari tinha prometido que o governo pagaria por todas as despesas médicas.

Tudo foi organizado para evitar jornalistas. Me enrolaram em um casaco roxo e deixei o prédio pela saída de funcionários. De carro, passamos direto por um bloco de jornalistas e fotógrafos, e eles nem perceberam. Parecia uma cena de um romance de espionagem.

Fomos levados a um tipo de escritório; enquanto esperávamos, Atal, Khushal e eu brincamos com um jogo de computador chamado *Elf Bowling*. Era a primeira vez que eu jogava, e mesmo assim ganhei dos dois! Mais uma prova de que a velha Malala estava de volta.

Quando o presidente entrou, estava com sua filha Asifa. Eles me deram um buquê de flores e então Asifa me presenteou com um xale tradicional da Caxemira e o sr. Zardari pôs a mão sobre minha cabeça, um gesto de respeito em meu país. Papai se encolheu um pouco, com medo de que encostasse no lugar de onde tinham tirado o pedaço do meu crânio, mas correu tudo bem.

O sr. Zardari nos disse que tinha conseguido um emprego para meu pai em Birmingham. Ele seria adido da educação do Paquistão. Também disse que tudo ficaria bem e que meu trabalho era me concentrar na minha recuperação.

Depois, ele disse que eu era "uma menina notável e um bom exemplo do Paquistão". Ele era o líder do meu país, mas estava me tratando com respeito, como se eu fosse a pessoa importante ali!

Foi um dia maravilhoso. Todas as minhas preocupações quanto ao pagamento do hospital e onde minha família ficaria foram aliviadas.

Mas, ah, que emoção contraditória o dia me trouxe. Porque entendi que não iríamos para casa por um bom tempo.

32. Milagres

Finalmente tive alta do hospital, e 2013 parecia estar começando bem. Era tão bom estar em casa com minha família, mesmo que essa casa fosse um apartamento em um prédio alto com elevador. Daria tudo para estar em nossa velha e humilde casa, batendo no muro para chamar Safina para brincar e até levando o lixo até o lixão; mas o que realmente importava era que estávamos todos juntos novamente.

Fazíamos caminhadas no ar refrescante de Birmingham para que eu recuperasse a força, mas me cansava rápido. A vida no hospital era calma comparada a todas as pessoas e todos os carros e ônibus correndo pra lá e pra cá. E, como eu ainda não ouvia direito, ficava me virando de um lado para o outro para ver o que estava acontecendo. Era estarrecedor — e fascinante.

Nos cafés, víamos homens e mulheres conversando e se misturando de um jeito que seria inimaginável no Swat. E nas lojas víamos roupas que mostravam tanta pele que não conseguíamos acreditar que as mulheres de Birmingham podiam usá-las sem congelar. Elas usavam salto alto e shorts bem curtinhos, com as pernas de fora, mesmo no inverno.

— As pernas delas são de ferro, para que não sintam frio? — mamãe perguntou.

Às vezes, nessas primeiras saídas, quando via um homem vindo na minha direção, eu recuava. Se deixasse minha imaginação correr solta, imaginava todo homem na rua segurando uma arma, esperando para me atacar. Não contei isso a meus pais, no entanto, para que eles pudessem aproveitar os pontos turísticos da fria Birmingham sem se preocupar.

Eu sentia muita saudade de casa. Saudades das minhas amigas da escola, das montanhas, da cachoeira, do belo rio Swat e dos campos verdejantes. Sentia saudades até das ruas bagunçadas e caóticas de Mingora. Então foi difícil receber a notícia de que havia pessoas no Paquistão que me criticavam. Pessoas que diziam que eu era uma marionete do Ocidente, "ombro a ombro" com Richard Holbrooke. Pessoas que diziam que eu não era uma boa muçulmana. Pessoas que diziam até mesmo que meu pai tinha atirado em mim, em um golpe para que tivéssemos uma vida de luxo fora do país.

A outra notícia que recebi de casa foi sobre a escola. Finalmente pude falar com Moniba pelo Skype, e pela primeira vez não brigamos. Ela me disse que sentia muito a minha falta e que nenhuma menina poderia tomar meu lugar em seu coração. Também disse que Shazia e Kainat estavam bem e de volta à escola. E que minhas amigas ainda guardavam um lugar para mim na sala.

— Ah, por falar nisso — ela disse —, você tirou a nota máxima na prova de estudos paquistaneses.

Foi a prova que fiz na manhã do ataque. Essa era a notícia boa. A ruim era que, como eu não tinha feito as outras provas, minha rival, Malka-e-Noor, ficou em primeiro lugar. Claro que ficou, eu não estava lá.

Eu estava ficando para trás nos estudos! Que ironia! A menina que fazia campanha pela educação das meninas tinha perdido o primeiro lugar da turma. Bom, eu simplesmente teria que redobrar meus esforços para poder assumir de novo o primeiro lugar quando voltasse à cadeira vazia na minha antiga sala de aula.

Logo eu estava andando, falando e lendo sem dificuldades, e minha memória estava voltando. Mas eu não ouvia bem e tinha um zumbido constante no ouvido. Os médicos também se preocupavam com a recolocação do pedaço de crânio que estava na minha barriga, que podia causar infecção.

Então mais cirurgias foram marcadas — três de uma vez só. A médica fez uma cranioplastia — que é um jeito complicado de dizer que colocou uma placa de titânio na minha cabeça. Imaginei se eu seria como o Homem de Lata em *O mágico de Oz*: se batessem na minha cabeça, soaria como um gongo? Além disso, o médico que tinha operado o nervo facial instalou um pequeno transmissor eletrônico de áudio chamado implante coclear atrás da minha orelha. Ele disse que mais tarde colocaria um receptor na parte de fora da orelha. O pedaço de crânio também foi retirado da minha barriga. Foram cirurgias intensas, mas me recuperei rápido e fui para casa em cinco dias. (Mais tarde, recebi um presente muito especial — o pedaço de crânio, envolto em plástico. Deixei em meu quarto e costumava mostrá-lo a visitantes.)

Algumas semanas depois, quando o receptor foi colocado atrás da minha orelha, ouvi um bipe baixinho. Depois outro. Em seguida veio o som da voz do médico. No início, todos os sons pareciam robóticos, mas logo minha audição começou a ficar cada vez melhor.

Como Deus é bom! Ele nos deu olhos para ver as belezas do mundo, mãos para tocá-las, nariz para vivenciar toda a sua fragrância e coração para apreciar tudo isso. Mas não percebemos como nossos sentidos são milagrosos até que um deles se vá.

A volta da minha audição era só *um* milagre.

Um *talib* disparou três vezes à queima-roupa contra três meninas em um ônibus escolar — e nenhuma morreu.

Uma pessoa tentou me silenciar. E milhões ergueram a voz.

Eram milagres também.

33. Este novo lugar

Agora já nos acostumamos à vida em Birmingham. Moramos em uma casa de tijolinhos em uma rua arborizada como as que eu via da janela do hospital. É encantadora. Organizada. Calma. E silenciosa. Muito silenciosa. Não há crianças jogando críquete nos becos. Não há homens em salas de estar discutindo política. Nem mulheres na varanda dos fundos conversando. Meu pai, que sempre foi "o melhor dos amigos" de todos os homens do Swat, recebe muitas visitas, mas tem pouquíssimos amigos de verdade. Minha mãe, que não fala inglês como nós, anda pelos mercados perplexa, inspecionando as comidas estranhas que estão à venda. Khushal passa muito tempo sozinho no quarto, desejando, imagino, sua antiga vida de volta. E outro dia ouvi Atal, que tem a personalidade mais alegre de todos nós, chorando porque não tinha com quem brincar. Estamos a poucos metros da casa ao lado, mas, pelo tanto que sabemos de nossos vizinhos, poderíamos muito bem estar a um quilômetro de distância. Como meu pai diz, é uma bela vizinhança, mas raramente vemos nossos vizinhos.

Sempre que saímos, as pessoas vêm falar conosco e pedem para tirar uma foto comigo. Não me importo. Penso que as pessoas que vêm falar comigo são as mesmas que me deram apoio quando eu precisava e que agora me dão coragem para seguir em frente. É estranho ser tão conhecida e tão solitária ao mesmo tempo.

Aos poucos, todos nos adaptamos a este novo lugar. Meu pai agora usa um blazer elegante de tweed e sapatos oxford para trabalhar. Minha mãe usa a lava-louça. Khushal está tendo um caso com seu Xbox. E Atal descobriu a Nutella.

Ainda vou ao hospital para fazer fisioterapia e desenvolver os músculos faciais. Disseram que talvez eu tenha que fazer mais cirurgias. Mas tento não pensar muito nisso.

Certa noite, saímos para caminhar no principal centro comercial de Birmingham. Eu estava maravilhada com todos os diferentes tipos de pessoa nesta cidade. Ao contrário de Mingora, onde todos parecem iguais, aqui existe todo tipo de gente: meninos cheios de sardas vestindo camisas de futebol, negras com longas tranças, homens e mulheres de terno, muçulmanas conservadoras usando burca e muçulmanas jovens de jeans e lenço na cabeça. De repente, um jovem atrás de nós chamou pelo meu pai.

Nos viramos e vi que ele tinha as características de um pachtum, mas usava roupas ocidentais.

— Senhor — ele disse —, sou da sua tribo lá no Paquistão. Sei quem você é.

Papai estendeu a mão, feliz em ver um conterrâneo. O menino apontou para mim.

— Todos choramos pela sua filha. Rezamos por ela — ele disse. — Mas o que você está fazendo não é seguro.

Papai pareceu confuso.

— Vocês não podem sair tão tarde assim em Birmingham — o menino disse. — À noite esta cidade pode ser perigosa.

Papai e eu olhamos um para o outro, então explicamos para mamãe o que o menino tinha dito. O coitado ficou confuso com nossa reação. Papai o abraçou e agradeceu pela preocupação, mas não dava para explicar. Como este lugar tranquilo e organizado poderia ser perigoso comparado ao lugar de onde vínhamos?

* * *

Em minha nova escola, uso um uniforme britânico: suéter verde, camisa listrada, meia-calça e saia azul. A maioria das meninas usa a saia curta, mas a minha vai até o tornozelo, e uso um lenço na cabeça. Por sorte, tem algumas meninas muçulmanas na minha sala que fazem o mesmo, então não me destaco muito. Mas algumas outras colocam a saia para cima, deixando-a ainda mais curta, assim que chegam à escola, e abaixam de novo antes de ir para casa. Eu penso: *Que país interessante este, onde algumas meninas são livres para cobrir o corpo e outras são livres para não cobrir.*

Aqui também temos projetores e laptops, vídeos e Wi-Fi, e aulas de música, arte, computação e até de culinária (que odeio). Foi um choque vir do Paquistão, onde a escola era apenas um professor e um quadro-negro. Às vezes, tenho vontade de voltar para casa, para a sala de aula simples sem computadores. Mas aí penso em quantas amigas adorariam toda essa tecnologia e aulas especiais. Às vezes fico triste porque elas não têm todas as coisas maravilhosas que os alunos daqui têm. Outras vezes fico triste porque elas têm o que eu não tenho: umas às outras.

Existe uma lacuna entre mim e meus novos colegas. Às vezes eles fazem uma piada e não entendo. E às vezes eu faço uma piada e eles não entendem. O modo como tratam uns aos outros também é bem livre quando comparado com as garotas no Paquistão. Quero me enturmar, quero me divertir, mas não sei bem como fazer isso. E não posso ser muito atrevida. As pessoas esperam que eu seja boazinha.

Sou uma boa menina — sempre fui. Mas agora, digo a mim mesma, tenho que ser boa *mesmo*. Então tomo muito mais cuidado com o que falo e faço. Ninguém pede que eu aja assim. Na verdade, os professores daqui sempre me incentivam a ser livre, a me sentir em casa. Mas na verdade não posso ser como as outras meninas da minha idade — devido à maneira como o mundo me vê. Quando se tem um papel público e tantas pessoas contam conosco, acho que devemos agir como as pessoas esperam.

Minha vida está muito, muito atribulada. Estou escrevendo livros, documentários e discursos, conhecendo pessoas interessantes, fazendo campanhas em mídias sociais e me engajando no trabalho humanitário. Faço muitas coisas interessantes, e vou a muitos lugares interessantes, mas viajar tanto enquanto tento manter o ritmo dos estudos e ir bem nas provas não é fácil. Sou humana e às vezes fico cansada. Alguns dias só quero sentar no sofá e assistir a *Mind Your Language* ou falar com minhas amigas pelo Skype. Mas levo o trabalho que estou fazendo muito a sério, sempre.

Não tenho uma melhor amiga aqui, como Moniba, nem mesmo uma rival, como Malka-e-Noor. Mas as meninas na escola nova são muito gentis comigo, e estou começando a fazer amizades. Elas me convidam para jogar boliche, ou ir ao cinema, ou a festas de aniversário. São meninas encantadoras. Gentis e divertidas. Mas não é como era em casa. Lá eu era simplesmente Malala. Aqui, pelo menos no início, eu era "Malala, a menina que levou um tiro do Talibã". Queria ser só Malala de novo, uma menina normal.

No início, me perguntava como poderia fazer amizade com essas meninas. Vi e vivenciei coisas que elas nem poderiam imaginar. Mas, conforme o tempo passou, descobri que elas também tiveram experiências que eu nem poderia imaginar. O que estou descobrindo é que temos muito mais em comum do que diferenças, e todos os dias aprendemos algo novo umas com as outras. E todos os dias me sinto um pouco mais como a antiga Malala, só mais uma menina na sala de aula.

Mas quando o dia termina e todos fazem fila para entrar no ônibus, penso no atropelo que era o fim do dia na Escola Khushal. Penso em como corríamos para fora do prédio e entrávamos na *dyna* que pulava e sacudia pelas ruas loucas e superlotadas de Mingora.

34. A única coisa que todos nós sabemos

Algumas coisas continuam as mesmas neste novo mundo. Primeiro: ainda brigo com Khushal. (Ou melhor, ele briga comigo e eu reajo.) Brigamos sobre quem deve sentar no banco da frente a caminho da escola. Brigamos sobre a estação de rádio que devemos ouvir. Ele diz que meu nariz é grande. Eu digo que ele é gordo. Ele tenta me socar quando paramos em frente à escola. E eu tranco as portas quando ele tenta sair. Posso ser uma defensora da liberdade de expressão e dos direitos humanos em público, mas, com meu irmão, admito, sou uma ditadora!

Segundo: Moniba e eu voltamos a ter nossas briguinhas bobas. Falamos por Skype sempre que podemos, mas todas as conversas parecem começar do mesmo jeito.

— Ah, Malala — ela diz. — Você já se esqueceu de mim.

E eu respondo:

— Moniba, foi você quem se esqueceu de mim.

Depois que tiramos isso do caminho, começamos a fofocar.

Às vezes, conversar com Moniba e minhas outras amigas do Paquistão me deixa com mais saudade de casa. Quase consigo sentir o cheiro da fumaça que sobe do vale ou ouvir as buzinas soando na avenida Haji Baba. Já vi muitos outros lugares, mas meu vale continua sendo o mais lindo do mundo. Um dia vou voltar para o Paquistão, mas, sempre que digo ao meu pai que quero ir para casa, ele inventa desculpas.

— Não, *jani* — diz. — Seu tratamento ainda não terminou. Ou:

— A escola aqui é boa. Você tem que ficar até aprender tudo o que puder.

Ele não diz a única coisa que todos nós sabemos: vai demorar muito até podermos ir para casa.

Ir para casa é a única coisa sobre a qual não falamos, principalmente agora que Fazlullah avançou de chefe do Talibã no Swat a chefe do Talibã em todo o Paquistão.

Sei que esta vida nova às vezes é difícil para meus irmãos. Eles devem se sentir como se uma ventania de repente os tivesse tirado do Paquistão, cruzado o globo e os deixado neste lugar estranho.

Atal nem entende toda a agitação da mídia em relação a mim.

— Não sei por que Malala é famosa — ele disse a papai. — O que ela fez?

Para o mundo, posso ser Malala, a menina que lutou pelos direitos humanos. Para meus irmãos, sou a mesma Malala com quem eles têm vivido e brigado todos estes anos. Sou só a irmã mais velha.

Mamãe, no entanto, com frequência me trata como se eu fosse a caçula. Ela é superprotetora e, às vezes, do nada, vem até mim, me abraça e chora. Sei que está pensando que quase me perdeu. Às vezes a pego andando pelo jardim atrás da nossa casa, com a cabeça coberta pelo xale. Ela alimenta os pássaros com restos de comida que deixa na janela, como fazia lá no Paquistão. Tenho certeza de que está pensando em todas as crianças com fome que costumavam tomar o café da manhã em nossa casa antes da aula e se perguntando quem as alimenta agora.

Às vezes meu pai chora também. Ele chora quando se recorda daqueles dias após o ataque, quando eu estava entre a vida e a morte. Chora com a própria lembrança do ataque. Chora aliviado quando acorda de uma soneca à tarde, ouve os filhos no jardim e percebe que estou viva.

Não fico brava com frequência, mas isso acontece quando

as pessoas dizem que ele é responsável pelo que houve comigo. Como se tivesse me obrigado a me manifestar. Como se eu não pudesse pensar por mim mesma. Se essas pessoas pudessem vê-lo agora... Tudo pelo que trabalhou por quase vinte anos foi deixado para trás: a escola que começou do zero e que agora tem três prédios e 1100 alunos. O que ele mais amava era ficar no portão recebendo as crianças pela manhã. A Escola Khushal continua — e todos os dias os alunos passam por aquele portão —, mas ele não está lá para ver.

Em vez disso, frequenta conferências sobre educação de meninas e defende a paz, como costumava fazer no Swat. Sei que é estranho para ele agora que as pessoas querem ouvi-lo por minha causa, e não o contrário.

— Malala costumava ser conhecida por ser minha filha — ele diz. — Mas tenho orgulho de dizer que agora sou conhecido como seu pai.

Não é seguro voltar ao Paquistão, é verdade. Mas um dia, quando estávamos com muita saudade de casa, descobrimos que podíamos trazer o Paquistão até nós. Amigos e familiares vêm nos visitar. E Shazia e Kainat, que fazem faculdade na Inglaterra, ficam conosco nos feriados.

Mamãe fica muito mais feliz quando a casa está cheia de hóspedes e tem cadeiras extras em volta da mesa de jantar. Conforme sua felicidade cresce, cresce também sua vontade de experimentar coisas novas. Começou a estudar inglês de novo. Também começou a aparecer em público sem o xale cobrindo o rosto e até se permite ser fotografada.

Papai, enquanto isso, assumiu uma nova responsabilidade em casa. Recentemente, provoquei-o dizendo que, enquanto nós dois estamos ocupados falando sobre os direitos das mulheres, a mamãe ainda cozinha e limpa. Agora ele cozinha todas as manhãs. É a mesma coisa todos os dias: ovos fritos. Sua comida é cheia de amor, mas não tão cheia de sabor.

Ele teve atitudes bem corajosas no passado: abriu uma escola sem uma moeda no bolso, manifestou-se pelo direito das mulheres e pelo direito das meninas à educação e enfrentou o Talibã.

Mas agora meu pai pachtum corajoso e orgulhoso encara as panelas e frigideiras!

35. Aniversário

Com o primeiro aniversário do ataque chegando, muitos jornalistas vieram me entrevistar. Geralmente pareciam muito tristes com o que tinha acontecido comigo. Diziam coisas como:
— Você e sua família tiveram que deixar seu lar. Tiveram que viver com o medo. Tiveram que sofrer tanto.

E, embora eu é que tenha passado por isso, não fico tão triste quanto eles. Acho que encaro minha situação de outro modo. Se disser a mim mesma "Malala, você nunca mais vai poder ir para casa porque é alvo do Talibã", só vou sofrer mais.

Vejo as coisas da seguinte forma: Eu enxergo! Eu ouço! Eu falo! Eu vou à escola e brigo com meus irmãos! Tive uma segunda chance de viver. E estou levando a vida que Deus quer para mim.

Os jornalistas também perguntam se tenho medo.

Digo que não. E é verdade. O que não digo é que tenho medo de uma coisa: às vezes me pergunto se ainda serei a mesma Malala no futuro. Será que vou ser digna de todas essas honras que tenho recebido?

Às vezes, quando os jornalistas veem meus irmãos brincando tão livres, perguntam se minha campanha pelos direitos das crianças roubou minha infância.

Digo a eles para pensar em uma menina que se casa aos onze anos. Ou em um menino que tem que catar lixo para conseguir dinheiro para sua família. Ou nas crianças que foram mortas por bombas e balas. Eles é que tiveram sua infância roubada.

E às vezes os jornalistas parecem querer se concentrar no ataque, e não na campanha.

Isso me deixa frustrada, mas eu entendo. É a curiosidade humana. Mas o que penso sobre o assunto é o seguinte: eles já me machucaram, deixaram cicatrizes eternas. Mas da violência e da tragédia veio a oportunidade. Nunca me esqueço disso, principalmente quando penso em tudo o que o Fundo Malala tem feito e vai continuar fazendo.

Demos início a um projeto no Swat para meninas que sofrem com o trabalho doméstico infantil. Nós as apoiamos para que possam ir à escola e se tornem independentes um dia. Após meses conversando sobre como eu queria ajudar na Jordânia, organizamos uma viagem para auxiliar refugiados sírios, muitos dos quais já perderam três anos de educação formal. Conheci crianças descalças, usando roupas sujas, que tinham apenas uma pequena sacola com seus pertences. Conheci crianças que jamais esquecerei. É nosso dever ajudá-las a ter comida, abrigo e educação. E vamos fazer isso.

Penso no mundo como uma família. Quando um de nós está sofrendo, todos devemos contribuir. Porque, quando as pessoas dizem que me apoiam, na verdade estão dizendo que apoiam a educação das meninas.

Então, sim, o Talibã atirou em mim. Mas eles só podem atirar em um corpo. Não podem atirar em sonhos, não podem matar minhas crenças e não podem impedir minha campanha para ver toda menina e todo menino na escola.

Milhões de pessoas rezaram por mim, e Deus me poupou. Ainda estou aqui por um motivo, que é usar minha vida para ajudar as pessoas.

Epílogo
Uma garota entre tantas

Em meu aniversário de dezesseis anos, recebi o presente mais extraordinário: fui convidada a fazer um discurso para as Nações Unidas. Foi a primeira de duas viagens que faria a Nova York naquele ano. Quatrocentas pessoas ouviriam meu discurso: funcionários de alto escalão do mundo todo, como Ban Ki-moon, secretário-geral da ONU, e Gordon Brown, ex-primeiro-ministro do Reino Unido, e também crianças normais como eu. Foi completamente diferente dos aniversários tímidos passados no Paquistão havia pouco tempo.

Minha família inteira viajou para Nova York. Assistimos ao musical *Annie* na Broadway e ficamos em um hotel onde traziam pizza no quarto em uma bandeja de prata. Gostei da agitação da cidade, comparada à calma de Birmingham. Nova York parecia uma velha amiga de tanto que eu a vira em *Betty, a feia*. Muitas pessoas no Paquistão ouvem que os Estados Unidos são um lugar sombrio e sem Deus, mas todas as pessoas que conheci foram muito gentis. Não via a hora de contar a Moniba: é um lugar muito bonito, mas é tão barulhento e lotado quanto outras cidades que conheci, com buzinas e pessoas correndo pra lá e pra cá. É como uma Karachi desenvolvida!

Durante a segunda viagem, conheci uma das pessoas de que mais gostei no país: um homem chamado Jon Stewart, que me convidou para participar de seu programa de TV e falar sobre meu primeiro livro e sobre o Fundo Malala. Ele levava minha campanha muito a sério, mas também fazia caras engraçadas e me perguntava se podia me adotar. Também conheci a

Betty na vida real, America Ferrera, que é muito bonita. E conheci até o presidente Barack Obama e sua família. (Fui respeitosa, acho, mas disse a ele que não gostava de seus ataques com *drones* no Paquistão, pois, quando matam uma pessoa má, pessoas inocentes também morrem, e o terrorismo se espalha ainda mais. Também disse a ele que, se os Estados Unidos gastassem menos dinheiro em armas e guerras e mais em educação, o mundo seria um lugar melhor. Deus me deu voz, e decidi que devo usá-la mesmo que seja para discordar do presidente dos Estados Unidos.)

No dia do discurso nas Nações Unidas, eu estava animada. Tinha passado por experiências maravilhosas e conhecido pessoas incríveis. Mas ainda era eu. Uma menina que gosta de estralar os dedos o mais alto possível e fazer desenhos para explicar as coisas. Uma menina que odeia macarrão e adora bolinhos, e sempre vai gostar do arroz da sua mãe — e que agora ama salgadinhos de queijo e peixe empanado. Uma menina que tem que ficar acordada até tarde estudando para a prova de física. Uma menina que se preocupa se sua melhor amiga está brava com ela. Uma menina como qualquer outra.

Aquilo ia mesmo acontecer? Eu ia mesmo falar para as Nações Unidas? Como meu mundo tinha mudado!

Me vesti devagar naquela manhã; coloquei meu *shalwar kamiz* rosa preferido e um dos lenços de Benazir Bhutto. Não escrevi meu discurso apenas com os delegados em mente. Escrevi para qualquer pessoa ao redor do mundo que pudesse ser encorajada por minhas palavras a defender seus direitos. Não quero que pensem em mim como "a menina que foi baleada pelo Talibã", mas como "a menina que luta pela educação", a menina que defende a paz, tendo o conhecimento como arma.

Em meu discurso, eu disse:

Queridos irmãos e irmãs,
Lembrem-se de uma coisa: o Dia de Malala não é meu dia.
Hoje é o dia de todas as mulheres, todos os meninos e todas as

meninas que levantam a voz por seus direitos. Milhares de pessoas foram mortas por terroristas, e milhões ficaram feridas. Sou apenas uma delas.

Então aqui estou eu... uma menina entre tantas.

Falo não por mim, mas por todas as meninas e todos os meninos.

Levanto minha voz não para gritar, mas para que aqueles que não têm voz possam ser ouvidos.

Aqueles que lutam por seus direitos.

O direito de viver em paz.

O direito de ser tratado com dignidade.

O direito à igualdade de oportunidade.

O direito à educação.

No dia 9 de outubro de 2012, fui baleada pelo Talibã na têmpora esquerda. Eles atiraram em minhas amigas também. Acharam que as balas nos silenciariam. Mas falharam. E então, daquele silêncio, surgiram milhares de vozes. Os terroristas acharam que mudariam nossos objetivos e impediriam nossas ambições, mas nada mudou em minha vida além disto: a fraqueza, o medo e a desesperança morreram. A força, o poder e a coragem nasceram. Sou a mesma Malala. Minhas ambições são as mesmas. Minhas esperanças são as mesmas. Meus sonhos são os mesmos.

Uma criança, um professor, um livro e uma caneta podem mudar o mundo.

Enquanto ouvia os aplausos e retornava ao meu assento, só conseguia pensar que tinha percorrido um longo caminho desde a Malala bebê que dava aula para cadeiras vazias na Escola Khushal. E um longo caminho desde a menina que fazia discursos para o espelho do banheiro. De alguma forma, com a graça de Deus, eu estava mesmo falando para milhões de pessoas.

Um dia pedi a Deus que me fizesse mais alta. Percebo agora que ele atendeu minhas orações. Deus fez com que eu atingisse o céu. Sou tão alta que não consigo medir minha altura, e minha voz alcança pessoas em todo o mundo. Prometi a Deus cem *raakat nafl* quando fiz o pedido pela primeira vez, então dei a Ele as orações. Mas sei que, com a altura imensurável, Deus também me deu uma responsabilidade e um dom: a responsabilidade de tornar o mundo um lugar mais pacífico, que carrego comigo em todos os momentos de todos os dias; e o dom de ser capaz de fazer isso.

Paz em toda casa, toda rua, todo povoado, todo país — esse é meu sonho. Educação para todos os meninos e todas as meninas. Sentar em uma cadeira e ler com as minhas amigas na escola é meu direito. Ver todo e qualquer ser humano com um sorriso de verdadeira felicidade é meu desejo.

Eu sou Malala. Meu mundo mudou, mas eu não.

Agradecimentos

Em primeiro lugar, gostaria de agradecer a todas as pessoas no mundo inteiro que me apoiam e apoiam minha causa. Sou grata por cada mensagem e cada oração que recebi.

Sou abençoada por ter pais que respeitam a liberdade de pensamento e de expressão de todos. Minha família está comigo a cada passo que dou. Meu pai me incentivou a seguir meu sonho de fazer campanha pela paz e pela educação, e minha mãe nos apoiou. Meus irmãos, Khushal e Atal, me lembram todos os dias de que, mesmo que o mundo todo me conheça hoje, continuo sendo apenas sua irmã mais velha.

Tive a honra de ter professoras maravilhosas e estudar em uma escola muito boa no Swat. Sou e sempre serei grata a elas por seu esforço de espalhar conhecimento e ensinar crianças a descobrir seus talentos e explorar o mundo. Em minha nova casa, tenho a sorte de frequentar o Colégio para Meninas Edgbaston, muito organizado e agradável, e de ter encontrado apoio em minha comunidade. Todas as professoras (principalmente a diretora, dra. Weeks) e alunas me receberam muito bem, e não me sinto mais como a menina nova e confusa o tempo todo.

Fui tratada em hospitais muito bons no Paquistão e na Inglaterra e serei eternamente grata aos médicos e enfermeiros que cuidaram de mim. Gostei de ser uma paciente paciente.

Tenho sorte por ter também uma melhor amiga maravilhosa, Moniba. Ela sempre fez com que eu acreditasse em mim mesma e nunca perdesse a esperança.

Poder compartilhar minha história é mais uma bênção. Escrever um livro é uma tarefa difícil, e tenho muitas pessoas a agradecer por terem me ajudado durante o processo:

Karolina Sutton, minha agente literária, é muito cuidadosa com cada aspecto do processo de publicação e sempre se preocupa com meus interesses.

Eu não teria conhecido Karolina se não fosse por Shiza Shahid. Shiza também ajudou a criar o Fundo Malala e se dedica todos os dias a divulgar nossa mensagem e fazer com que nossa campanha pela educação alcance a todos.

Patricia McCormick trabalhou comigo para contar minha história de um jeito novo, e sou grata por sua paciência e compaixão — e pela aula de ioga!

Sou grata a Farrin Jacobs por toda a sua dedicação na edição. Apesar de seu nome não aparecer na capa do livro, foi ela quem fez muito do trabalho. Farrin fez com que eu trabalhasse duro, mas esteve sempre ao meu lado.

Este livro de memórias certamente não existiria sem o livro escrito por Christina Lamb. Sua extensa pesquisa nos deu uma boa base e sempre serei grata a ela por ter me ajudado a transformar minhas palavras em uma história completa.

E nada teria sido feito se não fosse pelo apoio incrível que Shahida Choudhry oferece a mim e à minha família.

Muitas outras pessoas contribuíram de diferentes maneiras, incluindo:

Fiona Kennedy e sua equipe da Orion, minha editora no Reino Unido; Megan Tingley, Sasha Illingworth e todo o time da Little, Brown Books for Young Readers; Megan Smith, Lynn Taliento, Eason Jordan, Meighan Stone, PJ Kadzik, Jahan Zeb Khan e todos do Fundo Malala; Norah Perkins, Hinna Yusuf, Ahmad Shah, Mark Tucker e Tanya Malott; e, claro, James Lundie e Laura Crooks da Edelman, que deram um apoio tremendo a mim e à minha família no decorrer de nossa nova jornada.

E obrigada, finalmente, a todos que lerem minha história e encontrarem esperança e inspiração nestas páginas. Minha jornada não tem sido fácil, mas sempre acreditei que a verdade e a bondade prevalecerão e sou grata, acima de qualquer coisa, por poder falar por aqueles que não têm voz.

    Obrigada.

MAIS INFORMAÇÕES

Glossário

Aba — termo afetivo em pachto para "papai".
Alá — termo árabe para "Deus".
Al-Qaeda — organização fundamentalista islâmica.
Ayat al Kursi — verso do Corão recitado para pedir proteção.
Badal — vingança.
Bhabi — termo afetivo em urdu; literalmente, "esposa do meu irmão".
Burca — um vestido ou túnica que algumas muçulmanas usam para cobrir o corpo em público.
Chapati — pão achatado, sem fermento, feito de farinha e água.
Corão — o livro sagrado muçulmano.
Dyna — van ou caminhão com a parte traseira aberta.
Eid — celebração que marca o fim do jejum durante o Ramadã.
Estupa — estrutura de sepultamento em formato de abóbada.
Fahashi — comportamento indecente.
FATA — sigla em inglês das Áreas Tribais sob Controle Federal (Federally Administered Tribal Areas), região do Paquistão fronteiriça com o Afeganistão, sob um sistema de governo indireto iniciado durante a colonização britânica.
Fedayin — devotos do Islã.
Haram — atos e comportamentos proibidos pelo Islã.
Imã — pregador local.
Jani — querida.
Jihad — guerra santa ou conflito interno.

Khaista — termo em pachto para "bem-apessoado".

Khyber Pakhtunkhwa — literalmente, Área dos Pachtuns; chamada até 2010 de Província da Fronteira Noroeste, uma das quatro províncias do Paquistão.

Madrasa — escola de instrução islâmica.

Maulana, mufti — erudito islâmico.

Mujahedins — muçulmanos que acreditam na jihad, ou guerra santa.

Mulá — nome informal para imã ou líder religioso.

Mushaira — evento em que poetas se reúnem para ler seus poemas.

Nafl — orações opcionais.

Niqab — lenço ou xale usado por algumas muçulmanas em público para cobrir parte do rosto.

Pachto — a língua nativa dos pachtuns.

Pachtunwali — tradicional código de comportamento dos pachtuns.

PDI — pessoas deslocadas internamente.

Pisho — gato(a), gatinho(a).

Purdah — segregação ou reclusão das mulheres, com uso do véu.

Raakat — certos movimentos e palavras que são parte de uma oração.

Ramadã — tempo de reflexão durante o nono mês do calendário islâmico; observado por meio de jejum diário do alvorecer ao pôr do sol.

Shalwar kamiz — traje tradicional de túnica solta (*kamiz*) e calça comprida (*shalwar*) usado tanto por homens como por mulheres.

Sharia — lei religiosa islâmica.

Talib — historicamente, estudante de religião; mais tarde veio a significar membro do grupo Talibã.

Talibã — movimento fundamentalista islâmico.

Tapa — gênero de poesia popular pachtum com dois versos, o primeiro com nove sílabas, o segundo com treze.

Tehrik-e-Nifaz-e-Sharia-e-Mohammadi (TNSM) — Movimento pela Imposição da Lei Islâmica, também conhecido como Talibã do Swat, fundado em 1992 por Sufi Mohammad e mais tarde dominado por seu genro, *maulana* Fazlullah.

Tehrik-i-Taliban-Pakistan (TTP) — Talibã paquistanês.

Urdu — língua nacional do Paquistão.

Acontecimentos importantes no Paquistão e no Swat

14 de agosto de 1947
É criado o Paquistão, primeiro Estado muçulmano do mundo; o principado do Swat se junta a ele
Os britânicos dividem suas terras da Índia colonial em áreas de maioria muçulmana e hindu para criar os estados do Paquistão e da Índia. O Paquistão consiste em duas regiões, Paquistão Oriental e Ocidental, separadas por território indiano. Governantes de principados, que continuaram autônomos durante a dominação britânica, podem escolher a que país se juntar. O principado do Swat se junta ao Paquistão, com o entendimento de que permanecerá autônomo.

1947
Primeira Guerra Indo-Paquistanesa
O principado da Caxemira, liderado por um governante hindu, mas com população de maioria muçulmana, tenta manter sua independência. Isso leva a revoltas internas de facções pró-Paquistão na Caxemira, apoiadas pelo Exército paquistanês. Enfrentando os rebeldes locais que têm apoio do Exército paquistanês, o governante se junta à Índia em troca de assistência armada. Os dois exércitos entram em conflito pelo controle da região, até que as Nações Unidas são convidadas a mediar e estabelecem um cessar-fogo e uma linha de controle baseada nas posições dos exércitos indiano e paquistanês na Caxemira.

1948
Morte do fundador do Paquistão, Mohammad Ali Jinnah

A morte de Mohammad Ali Jinnah deixa o país sem uma liderança forte em uma época em que todos os aspectos do novo Estado precisam ser organizados.

1951
Assassinato do primeiro primeiro-ministro paquistanês, Liaquat Ali Khan

Liaquat Ali Khan foi outro político importante para o estabelecimento do Paquistão. Quando da independência, ele se tornou o primeiro primeiro-ministro, uma posição que detinha mais poder do que o governador-geral à época (poderes especiais eram concedidos a Mohammad Ali Jinnah). Após a morte de Mohammad Ali Jinnah, Khan tenta estabilizar o país forçando alianças e nomeando personagens-chave para cargos públicos, particularmente Khawaja Nizamuddin como governador-geral e Malik Ghulam Mohammad como ministro das Finanças. Essas tentativas provocam o ressentimento de facções políticas opositoras, e Khan se concentra em ganhar apoio popular a suas políticas. Durante um comício em Rawalpindi, uma cidade na província de Punjab, ele é assassinado por um jovem desempregado da Província da Fronteira Noroeste. Khan é sucedido pelo governador-geral Khawaja Nizamuddin como primeiro-ministro, enquanto Malik Ghulam Mohammad é nomeado governador-geral.

1958
General Ayub Khan toma o poder no primeiro golpe militar no Paquistão

O general Ayub Khan, então comandante das Forças Armadas, assume o controle do país em um golpe de Estado. O presidente Iskander Mirza é exilado. O golpe é muito bem recebido pela população devido à instabilidade política dos anos anteriores. Ayub Khan abre um precedente segundo o qual o

Exército assume o governo do Paquistão em tempos de incerteza política.

1965
Segunda Guerra Indo-Paquistanesa

A Índia e o Paquistão entram novamente em conflito pela questão da Caxemira. As Nações Unidas são forçadas a intervir mais uma vez. Outro cessar-fogo é estabelecido, e negociações são providenciadas. Os Estados Unidos e o Reino Unido apoiam a resolução da ONU interrompendo vendas de armas aos dois países. É negociado o retorno das fronteiras anteriores à guerra. A Índia e o Paquistão renunciam ao uso da força para resolver a questão. As negociações são mediadas pela União Soviética e não favorecem nenhuma das nações.

1969
Swat torna-se parte da Província da Fronteira Noroeste; Ayub Khan renuncia

Ayub Khan perde apoio popular devido à sua política econômica, que favorece a elite; ao estabelecimento de uma democracia limitada, com votações indiretas, que negaram a muitas pessoas o direito ao voto; e às consequências da guerra com a Índia. Ele renuncia, e seu protegido, o general Yahya Khan, comandante do Exército paquistanês, assume. A lei marcial é declarada, e todos os órgãos do governo, como a Assembleia Nacional, são dissolvidos. O governo revoga o status de independência do Swat, e a região chamada anteriormente de Província da Fronteira Noroeste se torna o distrito administrativo de Khyber Pakhtunkhwa.

1970
Realização das primeiras eleições nacionais do Paquistão

É realizada a primeira eleição no Paquistão em que cada cidadão tem direto ao voto. A Liga Awami, com sua base no

Paquistão Oriental, e o Partido Popular, de Zulfikar Ali Bhutto, com sua base no Paquistão Ocidental, são os principais partidos. A Liga Awami vence as eleições. O Partido Popular tem maioria no Paquistão Ocidental.

1971
Terceira Guerra Indo-Paquistanesa; o Paquistão Oriental torna-se independente, com o nome de Bangladesh

A Liga Awami, com base do poder no Paquistão Oriental, tem o direito de formar o governo, mas Zulfikar Ali Bhutto apresenta resistência. O general Yahya Khan apoia Bhutto, já que a formação do governo pela Liga Awami transfere o poder político para o Paquistão Oriental. Quando as negociações entre Yahya Khan e os líderes da Liga Awami fracassam, protestos generalizados se espalham pelo Paquistão Oriental e a Liga Awami declara independência em relação ao Paquistão Ocidental. Antecipando uma agitação civil, unidades do Exército ligadas ao Paquistão Ocidental são posicionadas no Paquistão Oriental, recebendo ordens de conter a violência. A Índia apoia a formação do novo Estado e envia seu Exército em auxílio à Liga Awami. Os conflitos se espalham para o Paquistão Ocidental, incluindo a fronteira disputada da Caxemira. O governo do Paquistão se rende, e o Paquistão Oriental emerge como um país independente: Bangladesh.

1971
Zulfikar Ali Bhutto torna-se o primeiro primeiro-ministro eleito

Incapaz de vencer a Guerra contra a Índia e tendo perdido o Paquistão Oriental, o general Yahya Khan renuncia após nomear um governo civil liderado por Bhutto, cujo partido havia conquistado a maioria dos votos no Paquistão Ocidental na eleição geral de 1970.

1977
General Zia-ul-Haq toma o poder em um golpe militar
As políticas de Bhutto o tornam impopular. Como resultado, ele convoca eleições gerais em 1977. Sai vencedor, mas é acusado de fraude eleitoral. Em meio à agitação civil, o general Muhammad Zia-ul-Haq lidera um golpe militar.

1979
Zulfikar Ali Bhutto é enforcado; invasão soviética do Afeganistão
Bhutto é considerado culpado de tentar matar um oponente político e é enforcado. O Afeganistão está no meio de uma guerra civil, enquanto o governo tenta se afastar da tradição muçulmana e se modernizar. Em resposta, uma força de combate de guerrilha muçulmana, os *mujahedins*, se levanta contra o governo. A União Soviética chega a Cabul, a capital, para dar apoio ao governo do Afeganistão. Os Estados Unidos, preocupados com a propagação do comunismo e o poder flutuante da Guerra Fria, procuram aliados na região. Como resultado, as relações entre o Paquistão e os Estados Unidos melhoram, e o Paquistão ajuda os Estados Unidos a apoiar indiretamente os *mujahedins* em seu esforço de deter o estabelecimento de um governo comunista no Afeganistão.

1988
General Zia e oficiais de alto escalão do Exército morrem em acidente aéreo; Benazir Bhutto torna-se a primeira mulher a ocupar o posto de primeira-ministra no mundo islâmico
A administração do general Muhammad Zia-ul-Haq geralmente favorece a elite, em especial oficiais militares de alto escalão. Seu primeiro-ministro, Muhammad Khan Junejo, no entanto, implementa políticas, locais e internacionais, que entram em conflito com os planos do general. Para combater Junejo, Zia-ul-Haq declara estado de emergência e desfaz o governo. Pouco mais de dois meses depois, Zia-ul-Haq morre em um

acidente aéreo juntamente com membros do governo e do Exército. Há suspeita de sabotagem, mas nada foi divulgado a respeito. O chefe do Senado, Ghulam Ishaq Khan, é nomeado presidente até que possam ser realizadas eleições. Nelas, o Partido Popular do Paquistão, liderado por Benazir Bhutto, filha de Zulfikar Ali Bhutto, sai vitorioso e forma o governo.

1989
Retirada soviética completa do Afeganistão

Incapazes de derrotar os *mujahedins*, apoiados pelo Paquistão e pelos Estados Unidos, as forças soviéticas se retiram do Afeganistão. Isso faz com que diferentes facções dos *mujahedins* virem-se umas contra as outras, o que acaba por desestabilizar o país.

1990
Governo de Benazir Bhutto é dissolvido

O presidente Ghulam Ishaq Khan desfaz o governo de Benazir Bhutto, com base em supostas corrupção e incompetência. A Assembleia Nacional é dissolvida, e um estado de emergência é declarado.

1991
Nawaz Sharif torna-se primeiro-ministro

1993
Exército obriga Nawaz Sharif e Ghulam Ishaq Khan a renunciar; segundo governo de Benazir Bhutto

A rivalidade política entre o presidente Ghulam Ishaq Khan e o primeiro-ministro Nawaz Sharif leva o governo a uma paralisação. O Exército intervém e os obriga a renunciar. Após as eleições, Benazir Bhutto assume o poder pela segunda vez.

1996
Talibã toma o poder em Cabul
Após anos de guerra civil entre as várias facções dos *mujahedins* do Afeganistão, o Talibã, um dos grupos dissidentes, assume o controle sobre Cabul. Embora imponha uma lei muçulmana muito rígida ao país, é visto como uma influência estabilizadora e, assim, apoiado pelo governo de Bhutto.

1996
Segundo governo de Benazir Bhutto é dissolvido
O presidente Farooq Leghari desfaz o segundo governo de Bhutto devido a denúncias de corrupção e má gestão.

1997
Segundo governo de Nawaz Sharif; Malala nasce no Swat
Após ser nomeado primeiro-ministro pela segunda vez, Sharif retira o poder do presidente de desfazer o governo e nomear o chefe do Exército. Ele fica, então, mais seguro durante seu segundo mandato.

1998
Índia e Paquistão realizam testes nucleares separadamente
Índia e Paquistão realizam testes nucleares apesar da tendência internacional de não proliferação de armas nucleares. O fato é criticado internacionalmente, e o mundo teme uma corrida armamentista e um conflito nuclear entre os dois países. Sanções internacionais são impostas sobre Índia e Paquistão, principalmente por parte dos Estados Unidos.

1999
Benazir Bhutto e o marido, Asif Ali Zardari, são condenados por corrupção; Benazir vai para o exílio e Zardari é encarcerado; o general Pervez Musharraf toma o poder por meio de um golpe de Estado

Benazir Bhutto e seu marido, Asif Ali Zardari, são considerados culpados das acusações de corrupção que levaram à dissolução de seu segundo governo em 1996. Eles são condenados a cinco anos de prisão e multa, mas Bhutto, que está em Londres na época da condenação, permanece no exílio. Zardari já estava preso na época, acusado de participação do assassinato do irmão de Bhutto. Diante de forte oposição, Nawaz Sharif teme outro golpe do Exército, a única instituição que não está sob seu controle. Tenta substituir o general Pervez Musharraf, chefe das Forças Armadas, por um oficial mais complacente. Musharraf ordena que o Exército assuma o controle das instituições do governo e se autodeclara presidente. Ele suspende a constituição, demite órgãos do governo e estabelece um Conselho de Segurança Nacional formado por militares e civis nomeados por ele para governar o país.

2001
Ataques ao World Trade Center e ao Pentágono no Onze de Setembro; começa o bombardeio do Afeganistão pelos Estados Unidos; o governo Talibã é derrubado; Osama bin Laden foge para o Paquistão
Em meio à pressão internacional, o Paquistão se alia publicamente aos Estados Unidos na guerra contra o terror. No entanto, devido à natureza porosa da fronteira com o Afeganistão, muitas pessoas, incluindo militantes e Osama bin Laden, entram no país.

2004
Exército do Paquistão começa operações militares contra os talibãs, nas FATA; primeiro ataque ao Paquistão por um *drone* americano; Zardari vai para o exílio
As Áreas Tribais sob Controle Federal (FATA) são de população tribal pachtum, que mantém formas tradicionais de liderança com intervenção mínima do governo paquistanês. Como

essas áreas compartilham fronteira e laços culturais fortes com o Afeganistão, membros da Al-Qaeda conseguem se esconder na região e usá-la como base para ataques. O Exército paquistanês investe contra as FATA para remover os militantes. Não é bem-sucedido e assina um tratado com o líder talibã Nek Muhammad Wazir. Isso cria um precedente para negociações com os fundamentalistas na área e prejudica o sistema tribal histórico. Nek Muhammad Wazir não mantém os termos do tratado. Ele é morto por um *drone* norte-americano. Liberado da prisão sob fiança, Zardari vai para o exílio em Dubai.

2005
ced*Maulana* Fazlullah monta a Mulá FM no Swat; terremoto no Paquistão mata mais de 70 mil pessoas

O movimento Tehrik-e-Nifaz-e-Sharia-e-Mohammadi (TNSM), iniciado por Sufi Mohammad, quer que a *sharia*, a lei islâmica, seja imposta no Swat. Após a prisão de Sufi Mohammad, *maulana* Fazlullah, seu genro, assume o TNSM. Lança dezenas de estações de rádio ilegais por meio das quais prega a jihad, ou guerra santa. Alia-se ao Tehrik-i-Taliban paquistanês, braço do Talibã no Paquistão, que quer impor a *sharia* no país.

2007
Exército invade a Mesquita Vermelha em Islamabad; Benazir Bhutto retorna ao Paquistão; Fazlullah estabelece tribunais islâmicos; o general Musharraf envia tropas para o Swat; ataque do Talibã paquistanês; assassinato de Benazir Bhutto

Os clérigos da Mesquita Vermelha, ou Lal Masjid, uma mesquita e *madrasa* pró-Talibã em Islamabad, capital do Paquistão, incentivam atos violentos para facilitar a concretização de seus planos. Meninas estudantes realizam atos de desobediência civil. Como o número de ataques aumenta, inclusive com tomada de reféns, a polícia e o Exército são obrigados a agir. Os clérigos da Lal Masjid (e seus seguidores) e o Exército entram em um conflito que dura oito dias e resulta em mais de cinquenta feridos. Fazlullah pede que seus seguidores empunhem armas contra o Exército. Sob pressão para restaurar a democracia, Musharraf permite que Benazir Bhutto volte para o Paquistão. Muitos acreditam que os dois chegaram a um acordo segundo o qual Bhutto será primeira-ministra e Musharraf permanecerá no poder por mais um mandato como presidente. Ela é assassinada enquanto faz campanha por sua eleição em Rawalpindi, no Punjab.

2007-9
Talibã estende sua influência no Swat
Em retaliação aos acontecimentos em Lal Masjid, Fazlullah intensifica os ataques violentos em uma tentativa de impor a *sharia* no Swat. Depois das eleições em 2008, é negociado um tratado entre o Talibã e o governo paquistanês para restaurar a paz na área. Os fundamentalistas não seguem os termos do tratado e a violência contra o governo, o Exército e os civis paquistaneses continua. O Exército lança uma ofensiva, o que só aumenta a violência. O governo concorda em implementar a *sharia* em partes do Swat. Fazlullah declara um cessar-fogo.

2008
Zardari torna-se presidente; Musharraf vai para o exílio
O Partido Popular do Paquistão vence as eleições na esteira do assassinato de Benazir Bhutto. A liderança do partido é assumida por seu filho, Bilawal, e Zardari é eleito presidente.

15 de janeiro de 2009
Todas as escolas de meninas devem ser fechadas no Swat, conforme anunciado anteriormente por Fazlullah

Fevereiro de 2009
Governo do Paquistão faz acordo de paz com o Talibã; o *New York Times* divulga um documentário chamado *Class Dismissed* (Turma dispensada)
Após ações militares falharem na área, levando a um aumento da violência, o governo concorda em assinar outro tratado de paz com o Talibã. O acordo impõe a *sharia* na região em troca de um cessar-fogo. Isso coloca a região sob controle dos fundamentalistas. Um documentário do *New York Times*, rodado um mês antes, introduz o terror que o vale do Swat enfrenta, mostrando a rotina de Malala e seu pai e sua luta pela educação de meninas. O filme atrai atenção internacional para a causa.

Abril de 2009
Acordo é rompido com a tomada do Swat pelo Talibã
Fazlullah rompe os termos do acordo de paz e começa a estender a área sob seu controle. O Talibã assume a principal cidade do Swat, Mingora, e em seguida os distritos de Buner e Shangla, o que os aproxima muito da capital federal, Islamabad.

Maio de 2009
Exército paquistanês dá início a operações militares contra o Talibã, no Swat; Malala, sua família e 800 mil pessoas deixam o Swat
A ameaça à capital, Islamabad, faz com que os militares tomem uma ação decisiva no Swat. Dois terços da população do vale fogem da região.

Julho de 2009
Governo do Paquistão declara o Talibã expulso do Swat
A ação dos militares retira o Talibã do Swat. *Maulana* Fazlullah consegue fugir das autoridades.

Dezembro de 2009
Barack Obama anuncia o envio de mais 33 mil soldados para o Afeganistão, elevando as tropas da OTAN a 140 mil homens

2010
Inundações por todo o Paquistão matam 2 mil pessoas
As inundações são as piores de toda a história do Paquistão. Cerca de 20 milhões de pessoas são atingidas, e um quinto do país é inundado.

2011
Governador do Punjab, Salman Tasir, é assassinado; Osama bin Laden é morto em Abbottabad; Malala ganha o Prêmio Nacional Paquistanês da Paz
Um dos seguranças de Salman Tasir admite que o matou, alegando que ficara irritado com a oposição de Tasir às leis de blasfêmia do Paquistão. Isso choca a comunidade internacional, porque traz à tona a intolerância a comunidades não muçulmanas no Paquistão. Osama bin Laden é morto perto de Abbottabad, na província de Khyber Pakhtunkhwa, em uma operação militar norte-americana. O governo é muito criticado por permitir a incursão dos Estados Unidos em solo paquistanês e pelo colapso da inteligência que permitiu que Bin Laden vivesse no país anonimamente.

9 de outubro de 2012
Malala é baleada
Em meio a crescentes ameaças contra Malala e sua família, ela continua a frequentar a Escola Khushal. Na volta da escola no dia 9 de outubro, Malala e outras duas meninas são baleadas no ônibus escolar. Fazlullah assume a responsabilidade. Todas as meninas sobrevivem.

2013
Musharraf retorna ao Paquistão e é preso; eleições são realizadas, a despeito da violência do Talibã; Nawaz Sharif vence e torna-se primeiro-ministro pela terceira vez
Musharraf é preso sob acusações de abuso de autoridade durante seu governo. As alegações incluem a detenção ilegal de membros do Judiciário. Sua prisão marca uma mudança significativa na cultura do Paquistão, em que líderes militares não eram responsabilizados por suas ações quando no poder. Pela primeira vez na história do Paquistão, um governo eleito democraticamente completa seu mandato e transfere o poder para outro governo eleito democraticamente.

12 de julho de 2013
Malala discursa na ONU, em Nova York, no dia em que completa dezesseis anos, e clama por educação gratuita para todas as crianças do mundo
Em sua nova casa em Birmingham, Inglaterra, Malala frequenta a escola e continua sua campanha pela educação das crianças em todos os países.

Sobre o Fundo Malala

Em todo o mundo, existem milhões de meninos e meninas que nunca foram à escola. Assim como você e eu, eles têm muitos sonhos e querem crescer e alcançar um futuro brilhante. Mas nunca tiveram a chance de construir uma vida melhor.

Sei que você e eu podemos mudar isso. *Nós* podemos mudar isso. Foi esse o motivo para a criação do Fundo Malala.

Um dos meus objetivos ao escrever este livro foi levantar a voz em nome de todas as crianças que não podem falar por si mesmas. Espero que minha história inspire principalmente as meninas a abraçar a força que existe dentro delas. Mas minha missão não acaba aqui: o Fundo Malala acredita que toda menina e todo menino têm direito a educação de qualidade.

Em muitos países, custa só um dólar por dia enviar uma criança para a escola, e cinquenta dólares podem ajudar uma menina que vive na pobreza a conseguir uma bolsa para poder estudar. Existem tantas maneiras de ajudar, basta a gente decidir que se importa o suficiente.

Então vamos nos unir. Vamos prometer apoiar pelo menos uma criança que não pode ir à escola. Fazer um evento beneficente no fim de semana. Ou pedir a outros alunos que se juntem a nós para ajudar aqueles que querem ir à escola e não podem. Ou simplesmente levantar nossa voz por aqueles que não são ouvidos.

Juntos, podemos criar um mundo em que toda criança tenha a oportunidade de frequentar a escola e descobrir seu potencial.

Você pode se juntar a nós e saber mais no site malala.org
Juntos, seremos ouvidos.

Malala